子育てのヒント

~奮闘中のあなたに~

千島 力夫
CHISHIMA Rikio

文芸社

序

中学校長を定年退職した日の翌日から、幼稚園長として勤務することになりました。0歳から15歳まで、どの年代にも、教育縁で結ばれた子どもと保護者がいることが求める理想の一つとなっていました。10年たった今、ようやくその願いが叶いました。

担当した年だけでなく、中学卒業まで子どもの成長を見続けることは、私の大きな喜びとなっています。それぞれの年代の保護者から年代に応じた話題が届けられる他、小学生や保護者を対象とした習字教室を開いていることで、小学校での活躍が、また、園へのボランティア活動や職場体験などを通し、中学校での生活が幼稚園への情報として伝わってきます。その都度職員と情報を共有し、在園時の様子を思いながら楽しい話題が広がっていきます。

勤務している幼稚園には、中学校で私が担任したり、教科担当として関わったりした生徒が成長し、保護者として子どもを通わせている方が何人もおられます。親子二代にそれぞれ卒業証書・卒園証書を授与するという得がたい経験もすることができました。

長い間教育活動に携わる中、課題に向き合うことも多く、保護者との連携の大切さを痛感いたしました。家庭ごとに教育方針が異なり、子どもの置かれた環境も異なる中、学校・園として教育目標の実現に向け、一致団結しなければなりません。そのためには、校長・園長は責任者として共通理解を図るため、様々な工夫が求められます。「園だより」や「学校だより」はそうした工夫の中の一つです。子どもの発達段階に合わせ、よりよい成長を願い、保護者と共有すべき事柄について思いを紡いできました。もとより浅学非才、文章もつたなく思いを伝え切れたかどうか心許ないのですが、時々の精一杯の力を尽くしたつもりです。勤務して10年になる節目の年に、そうした中のいくつかを拾い上げまとめてみました。中学生の現状も知っていただきたく、中学校の学校だよりも12篇掲載いたしました。中身のない内容にもかかわらず、幸いこの道のプロの方々にご指導いただき、本としての体裁を整えていただきました。多くの方にお目通しいただき、教育や子どもの成長を考える一助としていただければありがたく存じます。

目次「子育てのヒント」

学校だより（横瀬中学校編）

園だより（ほうしょう幼稚園編）

●しっかり聞ける子に（2014年5月）

園庭では5月の風に乗って、鯉のぼりが元気に泳いでいます。新年度になって1カ月がたちました。お子様のご家庭での様子はいかがでしょうか。

さて、ほうしょう幼稚園のスローガン「みんな、強く、正しく、明るい子」の育成を目指し、先生方がそれぞれの学年での具体像を話し合いました。発達段階に応じて目標とすべき具体像を明確にすることで、一人一人に寄り添う保育を実践することができます。その後、話し合いは「基本的生活習慣の確立」から「情操教育」まで多岐にわたりましたが、先生方が共通して感じていたのは「しっかりと話を聞ける子」がベースになるのではないかということでした。

先生方は一人一人の園児をよく把握していつも適切に対応してくださっています。園児と話すときは、園児と同じ目の高さでしっかりと目を見て園児の心に語りかけるような話し方をされています。おそらく園児は安心して先生方のお話を聞いていることと思います。

このような接し方で情緒も安定し、将来的に知的能力を高め、社会性を伸ばすことにつながります。ご家庭でのしつけにおいても是非「しっかり話を聞ける子」にご留意いただきますようお願いいたします。

ほうしょう幼稚園では、緑の風の中、園児一人一人を最高に伸ばすための取り組みが始まりました。先生方はいつも子どもの味方です。

園児と一緒に喜んだり、悲しんだり全力で保育に当たっています。どうぞ先生方へのご声援もよろしくお願いいたします。

●言語の発達（２０１４年６月）

職員室の中で始業を待っている園児の遊びは限られていますが、カルタは大好きな遊びの一つです。

読み方を聞いていると一語一語のたどり読みです。首を振りながら全身で読んでいる姿は感動的です。もう少したつとなめらかに読めることでしょう。

読みは一語一語でも、話すときは大人顔負けの流ちょうさです。言葉の習得の不思議さを感じます。３歳児の持っている言葉は約８００語と言われています。３歳児は「これなあに」の時期で、質問をしながら語彙を増やしていきます。この時期を経て４歳児になると１５００から２０００語が理解できるようになります。４から６語文も話せるようになり、日常生活に必要な言葉が身についてきます。ただ、言葉の発達は個人差があり、ひとくくりにすることはできません。かつて埼玉県の子育て推進事業に、次のような質問が寄せられたことがあります。

◇４歳１カ月の女の子です。カ行がタ行やア行になることが多いのです。例えば「ポケモン→ポテモン」「おかあさん→おああさん」と言うのです。早く直す手立てはあるのでしょうか。

子どもの言葉の発達については、ご家庭でも気になることが多いと思います。幼稚園の先生方の研修の場でも、言葉をあまり話さない子、オウム返しだけで会話にならない子、言葉の習得が遅い子など、言葉に関わる話題が多く出されます。ちなみに先の質問に対し専門家は次のように回答しています。

幼児期は言葉を正しく発音する器官の働きが十分に備わっていないので、様々な音声をはっきり区別して聞き取ることはできません。従って発音できない音がある場合があります。就学年齢までには、ほとんどの発音ができるようになるのが普通です。一般的な誤りとして、

サ行→タ行：「おさとう→おたとう」「おとうさん→おとうたん」

カ行→タ行：「きんぎょ→ちんぎょ」

右記のような誤りもほとんどの場合、8歳頃までには自然になくなりますが、その年齢になってもまだ誤りが目立つようでしたら、治療の必要があります。無理な矯正などすると、お子さんの言語発達や情緒面でもマイナスになることがあるので、専門医の助言を得るとよいでしょう。

今日は5人の子どもたちがカルタに興じています。読み札の最初のひと文字だけを大声で読み上げ、読み手も一緒に絵札を探しています。カルタにもいろいろな楽しみ方があるようです。言葉の発達について何か心配な点がありましたら遠慮なくご相談ください。

●健やかな成長を願って（2014年7月）

子どもの健やかな成長は、大人の誰しもが等しく願うところです。心身の成長期にある子どもの健康にとって食事はきわめて重要です。最近、子どもの朝食欠食や孤食、偏った栄養摂取による肥満傾向の増大など、食を巡る問題が深刻になってきています。朝、子どもと挨拶を交わすとき、「朝ごはん食べてきた?」と聞いていますが、本園ではほとんどの子どもが「食べてきた」と答えます。

ご家庭でのご理解と行き届いた配慮が感じられます。食生活は心の成長にも深く関わっています。家族で一緒に食べる食事は何よりも子どもの心に安心感を与えてくれます。生活の多様化に伴い、働く時間も様々です。なかなか家族全員そろっての食事は難しいところかも知れません。曜日を決めたり、時間のやりくりをしたりして家族そろっての食事を楽しんでいただきたいと思います。

本園では5月から6月にかけて内科健診と歯科健診を行っています。内科健診では眼疾、心臓音、皮膚の状態、脊柱、むくみ等の健診をしていただいています。

今年度は、水いぼや湿疹の診断が数人に見られました。歯科健診では3年間虫歯のない子が数人いて、お褒めの言葉をいただきました。治療のお勧めが出ましたら是非早めの対応をお願いいたします。歯科医の先生からは健診後、次のようなご指導をいただきました。

- 指しゃぶりは3歳までにやめさせる。
- 乳酸飲料やスポーツドリンクの飲み方に注意する（ストローなどでダラダラと飲まない）。
- 急に虫歯ができた人は、生活習慣を見直してみる。
- 歯磨き後、仕上げ磨きをしてほしい。

子どもの健康状態も大人同様生活習慣が大きく影響しているようです。「早寝、早起き、朝ご飯」の習慣を身につけ、健康で楽しい幼稚園生活を送ってほしいと願っています。

〔参考〕仕上げみがきの方法

口腔内がよく見えるように膝の間に子どもの頭を置き、寝かせて磨きます。特に上の奥歯、上前歯の奥側、上の奥歯は重点的に磨いてください。
子どもは歯ブラシを噛むことが多いので、子どもが使うものと仕上げ用と2本用意するのが理想的です。また、子ども用は幅広の持ちやすいもの、仕上げ用は鉛筆持ちしやすいものにしておくと使いやすいと思います。

●かわいくば（2014年9月）

夏休みが終わりました。休み中は、子どもと十分なふれあいの時間をもっていただいたことと思います。この夏も、親の虐待によって悲しい思いをする子どもの姿が報道されました。ほうしょう幼稚園保護者の皆様は世の中のそうした動きとは無縁で、愛情ある子育てをしていただいていると信じています。しかし、核家族化のため、子育ての悩みを相談する相手がいないという話を聞くこともあります。2学期のスタートにあたり、しつけについて考えてみるのも意義あることと思います。

子どもが言うことを聞かないとき、感情的に怒るだけでは効果がありません。古い教えの中に「かわいくば、5つ教えて3つ褒め、2つ叱って良き人にせよ」という言葉があります。幼児は、知らない、理解できていないから、親の期待するような行動をとれないのです。この教えについて、ある本に次のような説明がされていました。

幼児期の子どもには数多く教えてやりなさい。教えたことができたらしっかり褒めてやりなさい。どうしてもできないときは叱ってやりなさい。でも叱ることは褒めることより少なくしなさいという「しつけ」の基本を示しているのだと思います。

日常の生活の中で実践するのは難しいことです。しかし、「頭に手を置いて教え、手を握って褒め、抱きしめて叱る」ことこそ「愛情ある厳しさ」だと思います。

子どもは、愛されていると感じるとき、落ち着いた行動をとることができます。攻撃的になったり、他とのトラブルが多くなったときには、子どもとのコミュニケーションがうまくいっているかどうか振り返ってみる必要があります。子どもが話しかけてきたとき、じっくり聞いてあげることが何より大事です。子どもの立場になって、同じ目の高さで一緒に考えるという姿勢をもつことも大切です。

悪いことは叱り、注意してやめさせ、良いことを認め、褒めて、伸ばしていくのがしつけです。褒めることはしやすいのですが、問題は叱り方です。厳しく叱った後、「おまえのために叱っているんだよ」などと弁解する必要はありません。厳しく叱った後、「わかったら、後であやまりにおいで」と言うのも一つの方法です。そしてあやまりに来たら、「わかった。いいよ」とさっぱり忘れることが良い叱り方の基本です。

金銀にも勝る宝が子どもです。どんな子どもに育てたいかを明確にして、楽しみながらしつけていきたいものです。

●昔話（2014年10月）

幼児教育の充実を図るため、横瀬町教育委員会では幼児教育研修会を実施しています。今年度は「横瀬お話会」の講師に講演していただきました。

横瀬町では「ブックスタート事業」として3～4カ月の健診時に2冊の本をお母さん方に差し上げています。読書活動に大変力を入れている地域です。講師のお話は、このことを踏まえ、昔話を聞くことの大切さに絞ってのわかりやすいお話でした。

世界各国、昔話のない国はありません。5000年前にも既に昔話があったということです。講師は、子どもにお話を語り継いできた理由として、お話は生きていく知恵だからと話されました。どのようにして大人になっていくか、どのようにして困難を乗り越えるか、どのようにして自分の生きる道を照らすか等について、昔話は子どもに自然な形で伝えてくれるのです。講師は次のようにお話しくださいました。

親に愛されているか、お友達ができるか等の問題について、昔話はストーリーとして提案してくれる。それを何回も聞くことで、子どもは心に良いものをため込むことができる。「赤ずきん」では、寄り道をしてはいけないという教訓がよく語られている。

「桃太郎」も団子によって自分で仲間づくりをする。そのとき親はついて行かない。親がついて行くと自立できない。

このように昔話のテーマは普遍的で根源的なものである。誰にでもわかる登場人物、表現形式がとても簡潔、飾りの言葉はなく筋が中心。その筋がよくできているので子どもは想像できる。

このようにお話しされた後、講師は昔話の良い点を聞き手の側から考えて、次の6点あげてくださいました。

①子どもの想像力を育てる。
②考える力が身につく。
③語り手と聞き手、聞き手同士の人間関係が育つ。
④原典に忠実に話すことで、話の持つ力を自分のものとすることができる。
⑤お話を楽しむ力を育てる。
⑥まだ字が読めない小さい子でも文学を楽しむことができる。

最後に講師は、『石井桃子のことば』から「百歳のことば」を引用され、時代は豊かになったが、子どもとじっくり接する時間がなくなっている。お話を通して、子どもの心を豊かにしてほしいとまとめられました。ご家庭でも是非、たくさんの昔話を我が子に語り聞かせてください。

●楽しみながら子育てを（2014年11月）

松井和先生といえば埼玉県教育委員会委員長としてご活躍されましたが、常に、欧米の後を追う子育ての仕組みに警鐘をならしていらっしゃいます。

その松井先生が今年度秩父地区私立幼稚園連合会の研修会に講師としておいでになりました。本園からもPTA役員の皆様を中心に、保護者の皆様に大勢参加いただきました。

講演の終わりに小野省子さんという方がお書きになった詩集を一冊ずつくださいました。その詩集の末尾に松井先生が次のように解説されていました。

最近まで宇宙の一部だった幼児たちは、人間たちへの不思議な伝令役。何万年もの間、頼り切って信じ切ってくれる人たちの前で、無数の人たちが自分自身を体験してきました。幼児が横に座っているだけで、人間はいい人間。進化に不可欠な、大切な時間が幼児と一緒に過ぎていきます。

幼児がいると、その家の空気が変わる。一つ屋根の下で、一人では絶対に生きられない幼児と住み、人間たちは絆をつくる姿勢になる。選択肢は無い。それがいい。ありがたい。親は子どもを選べない、子どもも親を選べない。育てあい、育ちあうしかない。

解説の一部であるこの言葉に講演内容も凝縮されていました。松井先生は子どもの成長というプロセスは、実はそれによって親たちが親らしくなるプロセスであると主張されます。

確かに子育ては自分自身の生き方を見直さなければならない面を持っています。核家族化の現在ではその傾向が特に顕著で、埼玉県では「親が親として育ち、力をつけるための学習」として『「親の学習」プログラム集』を刊行しているほどです。

この中で「子育てで力を入れていること」として、「他者への思いやりを持つこと」がまずあげられていました。次いで「親子でたくさんふれあうこと」「基本的生活習慣を身につけること」「社会のマナーやルールを身につけること」と続きます。これらは親の生き方にも通じるものがあるのではないでしょうか。

子どもを立派に育てなければという思いは誰しも同じですが、時々、今の子育てを振り返り、我が子の将来を思い描きながら、親自身も楽しみながら子育てをすることが良い結果につながるようです。

●食を通して（2014年12月）

子どもにとっても大人にとっても食べる楽しみは格別のものがあります。特に心身の成長期にある子どもにとって、食事はきわめて重要なものです。

本園の給食は栄養士さん1名と調理員さん4名の計5名で運営していただいています。献立を考える際には年齢の発達段階に応じた栄養価を計算し、色合いや食べやすさを配慮し、季節感も盛り込みながら、飽きがこないような工夫までしてくださっています。「ひよこ組」や「ことり組」の子どもさん用には、噛みやすく刻んだり、柔らかく煮込んだりの配慮をお願いしています。アレルギーのある子どもさんには別メニューで対応しています。

実際に子どもたちの食事風景を見ている先生方の意見を参考に、職員室からも献立に様々な注文を付けさせていただきます。最終的には栄養士さんが総合的に判断し、その月の献立が決定されます。衆知を結集していますので、毎月ご家庭へ配布される「給食予定表」を是非ご家庭でのレシピの参考にしていただければと思います

調理員さんたちは配膳もしてくださっていますが、先日こんなことがありました。業者から納入されたパンを各クラスに配分している際、ほんの数ミリの黒いものがパンに付着していることに気づいたのです。普通に分類しているだけではおそらく見逃してしまうような色合いの

ものでした。

早速業者に連絡し実物を点検していただいたところ、粉を練り上げるときにできる焦げた部分の一部で、安全性に問題はないということが判明しました。ほっと安心しましたが、同時に園児の安全を第一に考えて、わずかな異常も見逃さない調理員さんたちのプロ意識に感謝の気持ちでいっぱいになりました。

月に一度設けている「愛情弁当の日」も、子どもたちにとって大切な日となっています。今年度最初の「愛情弁当の日」、ある先生の保育指導記録には次のように記載されていました。

初めてのお弁当となったが、それぞれおいしそうなお弁当を嬉しそうに食べる様子が見られた。さすが、大好きなものは食べるのも早い！　月1回のお弁当も良いものだ。Aちゃんは、「ママにおいしかったよ！　って言うの♥」と言っていた。そんな嬉しいことを言われたら、お母さんもきっと喜びますね。まさに愛情弁当です。

食を通して親子の絆が深まっていることを実感させられるエピソードです。体をつくり、心をもはぐくむ食事を家庭でも、幼稚園でも大切にしていきたいものです。

皆様良い年をお迎えください。

●道徳性の芽生え（2015年3月）

最近読んだ本に、次のような記述がありはっとさせられました。非行を重ねたのか、中学校で少年院にお世話になった生徒が次のように話しているのです。

「僕が5～6歳の頃、住んでいた家の近くに、よその野菜畑があった。その畑から大根や人参を盗んできて母親に渡すと母親は、『なんておいしそうだろう。すぐに料理してやるからね』と言って褒めてくれた。それからは人様のものを盗むことがおもしろくなり窃盗の癖がついて、今度のデパートの窃盗をした。恐ろしい罪を犯すようになった。大根や人参を盗んで帰ったとき、母が『人様のものを盗むことは恥ずかしいことだ。お母さんは少しも嬉しくはない。二度とこんなことをしてはなりません。早くお断りをして、返してきなさい』ときつく叱ってくれていたら」

少年は涙を浮かべながらしきりに反省していたというのです。叱るべきときに叱らず、褒めるべきときに褒めずという親の姿勢が、子どもの心の発達にどれだけ大きな影響をもたらすか計り知れません。幼児期の教育で大切なことは道徳心の芽生えを培うということです。幼児は信頼し、尊敬する大人の言葉や行動に基づいて、良いことと悪いことの区別をしています。してはいけないことに対しては、はっきりと悪いことだと示すことが大切です。

ある日の幼稚園で、帰りの「自由遊び」のときのことです。2人の男の子が帽子に砂を入れ、近くに友達がいる中、撒いて遊んでいます。周りの友達の目に砂が入ったら大変です。先生はすぐに注意しましたが、2人で怒られているという安心感からか、時々笑みを浮かべ身にしみている様子がありません。

そこで先生は一人ずつにして、園庭はみんなで遊ぶ場だということや、友達を傷つけるような行為をしてはいけないことなどを、子どもの目を見て真剣に叱っていました。今度は子どもも、先生の顔をじっと見てしっかりと頷いています。表面的な注意にとどまらず、心に届くような叱り方をした先生はさすがだと思いました。

またある先生は、給食後床をほうきで掃き、ゴミを中央に集めていました。外に遊びに出かける数人の子が、そのゴミを踏んで走って行きました。先生は全員を呼び戻し、「先生が今何をしていたのか」「ゴミがあったらどうするか」を一人一人に尋ね、状況を正しく判断ししっかり考えて行動するよう伝えました。機を逃さずに叱った先生も、さすがだと感じました。

道徳性の芽生えを培うためには、基本的生活習慣の形成が欠かせません。家庭と園が協力し、規則正しい生活リズムを作り、善悪の区別をしっかり教えるとともに、自然や身近な動植物に親しむことなどを通して豊かな心情をはぐくんでいきたいと思います。

●おひさまくらぶ（2015年5月）

始業式・入園式から1カ月となります。今年度は例年に比し、園生活への慣れが早いようです。のびのびと活動してほしいと願っています。

さて、5月から「おひさまくらぶ」が誕生します。「おひさまくらぶ」とは0～3歳の幼児と保護者を対象に、保育室や園庭を開放するものです。原則、火曜日と木曜日を考えていますが、利用状況により拡大していきたいと思います。

火曜日は9時30分～11時30分まで、本園の教務主任が中心となって紙芝居や手遊び、行事に合わせた作品作りなどを行います。新体操指導者によるリズム運動も予定されています。木曜日は親子で自由に遊んでもらいます。幼稚園で遊びたい未就園児がいましたら、是非声をかけて広めてください。

併せて保護者を対象に「子育て相談」も開設いたします。現在は子どもが少ないため、親の育児経験が少ないのが現状です。そのため、迷いながら子育てをしているのではないでしょうか。子どもの発達に関わること、人間関係の悩み、家庭生活での悩み等、お気軽にご相談ください。

「親学アドバイザー」として活躍し、埼玉県の「発達支援サポーター育成研修」を修了した副園長が親身に対応いたします。問題によっては専門機関の紹介も可能ですので、在園児の保護者の皆様も遠慮なくご利用ください。

さらに、「子育て支援事業」の一環として土曜日の預かり保育も行います。第2土曜日が未就園児の「幼児教室」となるため、すべての土曜日に実施するわけにはいきませんが、働くご両親の支援にわずかでもつながればと考えています。通常夕方の4時30分までお預かりします。5時まで延長可能です。

悩みはつきませんが、それ以上に喜びが大きいのが「子育て」です。幼児教育の権威、高橋系吾先生は「家庭に三声あればよい子が育つ」とおっしゃっています。「三声」とは「明るい話し声、大きな笑い声、楽しい歌声」だそうです。

明るい家庭を心がけ、自分自身の子ども時代を振り返り、「子どもは親の思うようにすんなり動くはずがない」とゆとりを持って構えることで、子育てが心から楽しく思えるようになると思います。自分だけにストレスをため込まず、みんなで子育ての悩みを話し合って解決の糸口を見つけていくようにしましょう。

さわやかな、心弾む季節となりました。入園当初なかなかなじめなかった園児も、薫風の中ののびのびと園庭を駆け回っています。子どもの適応能力のすばらしさを感じます。同時に同年代の子どもとの交流の大切さも痛感いたします。子どもは子ども同士の交わりの中で学び、成長していきます。

●遊び（2015年6月）

遊びは子どもの心の成長にも欠かせません。幼児期には遊びを通して感覚を働かせ、運動し、ものを作り、想像します。また、体力もついてきます。

しかし、最近母親べったりで友達と遊べない子、家の中でのひとり遊びばかりで外遊びができない子などが多くなっていると言われています。幼稚園で初めて他の幼児とのいざこざや葛藤に直面します。こうした体験を通して、友達の存在を知り、社会性の芽生えを培うのです。

社会性を伸ばすためには、外遊びの面白さを教えることが大切です。本園でも、天気の良い日は努めて外遊びをさせています。ブランコ、すべり台、砂場遊びなど、初めはいやがったり怖がったりしていることもありますが、慣れてくるにつれ自分から進んで挑戦するようになります。うまくできたときには褒めてあげます。ご家庭でも、泥遊びや、ボール遊びなど様々な外遊びの場面で子どもを褒める機会を作っていただきたいと思います。

また、友達とのトラブルが起こっても、必要以上に気にしないで、「ああそうなの」とじっくり聞いてやり、子どもが落ち着くのを待って、トラブルを乗り越える方法を教えたり、乗り越える力を付けさせることが大切です。

ドッヂボールやリレーなど勝ち負けがあるような遊びを行い、勝つこと、負けることの双方を体験させることも大切です。勝てば子どもは喜びます。そして、負けてもすねてしまわないような気持ちを持たせたいと思います。


預かり保育では、異年齢の子どもが集い集団生活をします。年少の子はルールを守ることや我慢することの大切さなどを身につけ、年長の子は思いやりの心や集団をリードしたり役割を果たしたりする責任感を養っていきます。

少子化の今、こうした活動は貴重な機会となっています。長ずるにつれ、スポーツや文化活動、青少年活動などを通し、お互い切磋琢磨することになりますが、そうした活動に抵抗なく入っていけるためにも幼少期の体験は重要なものとなります。

●育てる（２０１５年７月）

「幼稚園は学校ですよ」と言うと、けげんな顔をされる方がいます。「学校」といえば小学校からと思っている方が多いのではないでしょうか。実は幼稚園は学校教育法に基づく「学校」と位置づけられているのです。

ほうしょう幼稚園では、文部科学省の定める「幼稚園教育要領」に従い、教育課程を編成・実施しています。ただ、小学校以降の教育と異なり、教科書を使わず、「遊び」中心の活動を行います。

ところで、教育という二文字は「教」と「育」から成りたっています。「教」は「教える」ことであり、「育」は「育てる」ことです。

「カルタ」ということを「教える」には、そんなに多くの時間を必要としないでしょう。しかし、「仲よく遊ぶこと」を身につけさせる（「育てる」）には、かなり長い期間を要します。ある先生の保育日誌に次のような記述が見られました。

じゃんけんをして負けると、自分が乗っている紙を半分に折っていくゲームを実習生が企画した。

AさんとBさんはいつもじゃんけんなどで負けを認めたくなく、負けてもわからないふりをすることがあり、その都度注意している。

今日は実習生なので注意をされないとわかってか、後出しをしたり、負けても紙を折らずにいたりした。Aさんはズルをして勝っている意識があったのだろう。声をかけると泣き出した。後でズルをして残っていてどんな気分だったか尋ねると、嬉しくなかったと言っていた。ズルいことをしてみつからず、また重ねるという行為はよくないことで、そこを見逃さず、良心を育てるためにも保育者は目配り気配りを怠らず留意しなければならないのだなあと改めて実感した。


今、教育の現状を考えるとき、「教育」の「教」の部分にアクセントが置かれ過ぎていないだろうかという指摘があります。「教えること」より「育てること」の方がはるかに多くの時間と労力を要することは確かなことと思います。

幼稚園時代にしっかり「育てること」は、その子どもの生きる力を培うことになります。

7月25日から38日間という長い夏休みが始まります。子どもとのふれあいを大切に、是非「育てる」に重点を置いた夏休みにしていただきたいと願っています。

●ウーマノミクス（2015年9月）

2学期が始まり、たくましく日焼けした園児の元気な声が園に響いています。行事の多い2学期ですが、皆様方のご支援・ご協力をよろしくお願いいたします。

皆さんは「ウーマノミクス」という言葉をご存じですか。「ウーマン（女性）」と「エコノミクス（経済）」を合わせた造語です。埼玉県では、女性の力が原動力となって経済の好循環を生み出す「埼玉版ウーマノミクスプロジェクト」を2012（平成24）年度から展開していま す。

埼玉県産業労働部ウーマノミクス課によれば、日本の生産年齢人口は1995年の8700万人をピークに2013年には7900万人に減少しています。同課では、働き手が減ったことが景気停滞の一つとしています。特に30代の女性の就業率の落ち込みが際立っています。そこで埼玉県では、仕事と子育てが両立できるような働きやすい環境づくりや女性の就業支援に取り組んでいます。その具体的な取り組みの一つとして「多様な働き方実践企業の認定制度」が設けられています。認定基準として次の6項目が定められています。

①女性が多様な働き方を選べること

②法定義務を上回る短時間勤務制度が職場に定着していること
③出産した女性が現に働き続けていること
④女性管理職が活躍していること
⑤男性社員の子育て支援等を積極的に行っていること
⑥取り組み姿勢を明確にしていること

ほうしょう幼稚園は企業ではありませんが、女性が働きやすい環境であるとして埼玉県知事から認定証をいただきました。これを機に園児・保護者にも、働く職員にも、地域にも、愛され親しまれる幼稚園を目指し、一層努力していきたいと思います。

●教育評価について（2015年10月）

ほうしょう幼稚園では様々な行事に追われる毎日ですが、子どものよりよい変容がなされているか、職員会議等で常に先生方が厳しく自己点検しています。

日々の保育において、幼児一人一人の育ちの状況等を適切に把握するとともに、指導計画で設定した具体的なねらいや内容が適切であったか、環境の構成が適切であったか、幼児の活動に沿って必要な援助が行われたかなど指導の過程を反省・評価し、指導と評価の一体化を図ろうとしています。

今週の計画と、先週の反省が「保育実践」として、毎週月曜日に園長に提出されます。先生方の記録が詳細にわたっているため、目を通すには半日以上を要しますが、先生方の子どもたちへの熱い思いが伝わってくる感動の時間です。

1学期の終わりに、「教育課程の編成と実施」「教育課程の編成と実施を支える諸条件」に関する教育評価を実施いたしました。A＝十分達成、B＝ほぼ達成、C＝やや不十分、D＝不十分の4段階で先生方に評価していただきました。

◇幼稚園の教育目標について ⬇Bが100％

目標の設定
目標の具現化・周知

◇教育目標を達成する基本方針 ⬇Aが3%、Bが97%

目標の達成の方針
教育課題への対応

◇指導の重点 ⬇Aが10%、Bが89%、Cが1%

指導計画・指導内容・方法
環境の構成

◇園行事 ⬇Aが73%、Bが27%

◇経営方針・組織 ⬇Aが26%、Bが68%、Cが6%

◇研究・研修 ⬇Aが12%、Bが85%、Cが3%

◇情報管理／施設・設備 ⬇Aが90%、Bが10%

◇出納・経理 ➡Aが100％

◇施設・設備 ➡Aが90％　Bが10％

◇開かれた幼稚園 ➡Aが46％、Bが54％

改善策として「引き渡し訓練の実施」が複数あげられました。2学期に検討して実施したいと思います。

●まね（2015年11月）

子どもに限らず、人は誰でも好きな人、尊敬できる人を手本とし、まねをしよう、その人の姿に近づこうと思うものです。親も教師も子どもからいつも見られています。そして、知らず知らずのうちにまねをされています。

小学生は、担任の先生が黒板にお書きになる文字によく似た字を書くようになります。立ち居振る舞いについても同様です。尊敬という言葉は理解できなくても、幼少期の子どもは、自分を庇護してくれる親に対して絶対の信頼を寄せ、尊敬しています。

そうした尊敬される対象として、親も教師も子どもに対して誇れる面を意識する必要があります。子どもにまねをしてほしい点を自覚することが大切です。

自分の長所をあげるのは自慢をしているようで苦手という方も多いと思いますが、料理好き・料理上手、つりが上手、大工仕事が好き、サッカーや野球が得意、将棋が強い等、いろいろあるのではないでしょうか。「明るい」や「ユーモアがある」という性格上の美点でも良いでしょうし、「歌が好き」「字がきれい」「星座のことに詳しい」というようなことも考えられると思います。

保護者の方が人生を楽しむことができ、家庭や周囲の人を和やかにすることができるようなものすべてが、子どもに誇れるものとなります。

幼少期においては、親は自分の得意なもので子どもと一緒に過ごし、相手をしてあげることで、子どもから慕ってもらえたり、尊敬されたりします。

あるお母さんの話です。

◇うちの子は本の好きな子なんです。それはよいのですが、いくら言って聞かせても、ゴロンとあおむけに寝ころんで本を読むんです。あるとき、はっと思いあたりました。父親が会社から帰宅すると、テレビの前に寝ころび、新聞を読み始めるんです、毎日。この子は、そっくりそのまねをしていたんです。

「子どもは親を映す鏡」と言われますが、子どもはいつの間にか親の様々な面を手本にして育っていくのですね。子どもの様子を見て我が身を反省し、自分の生き方や考え方を変えていくこともあるかも知れませんね。

保護者の良い面、得意な面を前面に出して、子どもとの共有の時間を楽しんでください。

●新制度について（２０１５年12月）

おゆうぎ会では大変お世話になりました。ご家族の皆様に参観いただき、園児ものびのびと演技することができました。12月も餅つき大会、クリスマス会などの行事が続きますが、ご支援のほどよろしくお願いいたします。

さて、幼児教育を巡っては、「新制度」という言葉がキーワードとなっています。社会保障国民会議最終報告に基づく社会保障の機能強化の工程表が２００８（平成20）年に示されましたが、「年金」「医療・介護」と並んで「少子化対策」が示されました。２０１３（平成25）年の新制度スタートまでに「仕事と子育ての両立を支えるサービスの質と量の確保」「すべての家庭に対する子育て支援の強化」「子育て支援サービスを一元的に提供する新たな制度体系の構築」などの課題の基盤整備を行うという計画でした。やや遅れながらも法案が整備され、新制度のスタートとなりました。２０１５（平成27）年度からスタートした「子ども・子育て支援新制度」は、次の4点がポイントとなります。

- **社会保障・税番号制度（年金・医療・介護・少子化対策）**
- **幼児教育の段階的無償化に向けた取り組み**

●保育所制度改革

●幼保一体化：認定こども園法

幼稚園・保育所に関しては、「市町村が実施主体となる教育・保育事業」が新制度の要ということになります。具体的には学校と保育所の両方の機能を持つ施設として「幼保連携型認定こども園」の新設があげられます。この制度では利用者の負担方式が変更され、利用者負担は応能負担となり、利用者の負担は市町村民税額で決定されます。

また「保育認定」が新設され、次のように区分されます。

保育を必要としない3、4、5歳児⬇1号認定
保育を必要とする3、4、5歳児⬇2号認定
保育を必要とする0、1、2歳児⬇3号認定

新しい幼稚園への動きは加速度的に進むと思います。本園も保護者の皆様の負担を考慮しながら、慎重に検討を進めているところです。園としても不透明なところが多いのですが、今後様々な機会を通じ情報提供をしていきたいと思います。

年末を控え、一層慌ただしさを増すと思いますが、交通事故やインフルエンザ等にご留意され良い年をお迎えください。

●医療を受けるにあたって（２０１６年２月）

大雪による自由登園では大変ご迷惑をおかけしました。寒さが厳しさを増すにつれ、体調を崩す子どもも多くなってきました。病院に行くこともあると思いますが、数年前の『家の光』（JAグループ発行）という雑誌に、安心して医療を受けるための方法がありましたので紹介します。

【病院に行く前に】

○医者に伝えたいことはメモをしてから病院へ

医者の前では緊張して、伝えたいことの半分も話せなかった経験はだれにでもあるもの。症状、いつから、どんなときになど、メモして病院へ持って行きましょう。

○自覚症状と病歴は、あなたが伝える大切な情報です

医者には、ぐあいの悪さや普段使っている薬など、本人にしかわからない情報を伝えるのはもちろん、初診時には、これまでの病歴なども、きちんと伝えることが重要です。

【診察室で】

○対話の始まりは気持ちのよいあいさつから

人間関係はどんなときも、気持ちのよいあいさつからスタートします。それは診察室でも同じこと。医者が忙しく、カルテばかり見ていたとしても、自分からあいさつをするなど、コミュニケーションのきっかけを進んでつくることも必要です。

○よりよい関係をつくるため、あなたの努力も必要です

おたがいの気持ちが向き合えば、よい治療へと向かうもの。医者の愛想がないからと、患者までもが無口にならないよう、気持ちを入れ替えるゆとりをもってみませんか。双方が努力することで、よい関係を継続させることが大切なのです。

○大事なことやわからないことはメモをとって

治療法によっては、専門用語や検査の数値など、すぐにはわからない用語が出てくることもあります。その場で質問するのはもちろん、重要なことはメモをとり、後から見ても、確認できるようにしておくと、なにかと重宝します。

○これからの見通しを確認しましょう

治療というのは、先の見通しがたたないと不安になるものです。しばらく通院を要する、長い治療になりそうな場合はとくに、これからどのような治療計画で進めていくのか、わかる範囲内でも聞いておくことで、安心して病気と向き合えます。

以上ですが参考にしてみてください。また、スキンシップの不足などが子どもの心の健康に影響を与え、腹痛、吐き気などの身体的なサインになって現れることもあります。子どもの様子を十分観察し、話をよく聞くことが大切です。

狭山市で、虐待による痛ましい事件がまた起きてしまいました。よその地区の特別な出来事と考えず、すべての子どもの幸せのため、親としての責任、園としての役割を改めて認識していかなければなりません。

●親の学習（2016年3月）

「親の学習」と聞いて耳を疑ったのは、『親の学習プログラム』を埼玉県教育委員会が発行した2007（平成19）年のことでした。それまで当然のように、「学ぶ」のは「子ども」と思い込んでいたのです。

生涯学習という言葉は理解していましたが、それは文化的な活動などで自らを高めるために学習していくこと。子育てに関しては、経験的に知っている知識で十分。必要に応じて育児書を紐解けばおおよそ解決できるもの。むしろ子どもは放っておいても自然に大きくなっていくもの。そんな考えで「子育て時代」を過ごしてきました。

「親の学習」とは「親が親として育ち、力を付けるための学習」なのですが、このようなプログラムに出会っていれば、私の子育ても変わっていたのかも知れません。

一番悩んだのが「子どもの叱り方」。難しい局面で育児書に頼ると、「むやみに叱るよりも、子どもは褒めて伸ばすことが大事」と書いてあり、勢い褒めることだけに傾斜がかかってしまい、言わなければならないことが子どもの心に通じたのかどうか、はなはだ不安な心持ちだけが残ったような経験を何度もいたしました。今考えてみると、「褒める」ことは一方で「叱る」という行為があって初めて効力を発揮するものなのではないかと思えます。子育てには父性的な役割と母性的な役割の双方が必要です。場合によると一人で両方の役割をこなさなければならないこともあります。あれこれ考えているとき、ある方から父性的な役割に関し、「家の中で、めったに抜かなくても、いや、永久に抜かなくても良い伝家の宝刀の役割を自覚してかかることが、子どものしつけの上で何より必要であろう」と教えられ、目の覚めるような思いをいたしました。

また、横瀬町では、「子育て講座：マタニティスクール」が妊婦とその家族を対象に開かれています。体内に生命をはぐくみ始めたその瞬間から、親のあり方を学び実践することが「人の役に立つ人間」を育てることになり、子どもたちの様々な問題を根本的に解決することにつながります。若いお母さん方にとって大変心強い講座だと思います。

保護者・地域の皆様にはいつも温かいご支援をいただき、大変ありがとうございました。来年度も皆さんと一緒に子育てについて考えていきたいと思います。どうぞよろしくお願いいたします。

●不思議な世界（2016年5月）

新年度がスタートしました。子どもたちのよりよい成長を目指し、今年度も保護者の皆様と緊密に連携しながら保育活動に全力を尽くします。ご支援のほどよろしくお願いいたします。

さて、幼稚園というのは不思議な世界です。子どもがおむつを取るのを拒み、泣き続けています。困り切った親に、先生が、

「大丈夫ですよ。今日中におむつを取りますよ」

と話すのを聞き、そんなこととても無理だろうなと思って見ていました。すると数時間後、あんなに泣いていた子がお兄さんパンツと呼ばれる普通のパンツをはいてキャッキャとしています。決して無理にはかせたとは思えないのですが、誠に不思議な出来事です。

ひじを柱にぶつけ大泣きをしている子が、信頼している先生を見ると抱きついていきました。先生が「痛いの、痛いの、飛んでいけ！」と言いながらさすってあげると、ぴたりと泣き止んでしまいました。思わずあっけにとられてしまう不思議な光景です。

どんなに騒いでいる子も、泣いている子も、一瞬にして先生に注目させてしまう「ミィーナ

サン」という不思議な呼びかけの言葉は、まるで魔法のように感じます。

しかし、これらの光景は一朝一夕で成るものではありません。よくよく見てみると、先生方は親と同じ気持ちで子どもたちをはぐくんでいます。親以上に子ども理解に努めようとしています。甘えさせるところは十分甘えさせ、厳しく叱るところは本気で叱っています。そのバランスが絶妙で、さすがプロの先生方だなと唸ってしまいます。そして何よりもしつけをしっかりさせようと、日常生活の流れの中でごく自然に集団生活を身に付けさせています。

毎朝出欠席を確認しながら健康視診をしていますが、さわやかな返事の訓練も併せて行われています。前の園児の肩に手をかけ、列車ごっこをすることで、整列の訓練ができてしまいます。何気ない動作の中にも、1カ月後、半年後を見通した先生方の周到な計画が見え隠れしています。意図的・計画的・継続的な保育が実践されていることを感じます。しかも繰り返し、繰り返し、丁寧に保育に当たっています。気がついたことはどんな小さなことでも保護者と密に連携し、子どもの幸せを常に願っています。

どこの幼稚園でも願いは同じだと思いますが、ほうしょう幼稚園では職員が報告・連絡・相談、見極めを実に的確に行っているところが本当にすばらしいと思います。園児の変化や施設設備の不具合等、気づいた情報は学年主任から副園長、園長へと速やかに連絡され、園としての即座な対応につながっています。

少子化の今、まさに子どもは家庭や地域の宝になっています。しかしどんな玉も磨かなければ光りません。ほうしょう幼稚園児全員が本物の宝となるよう、一生懸命磨きたいと思います。

ご意見等ございましたら遠慮なくご連絡ください。ともに手を携えて子育てに当たっていきましょう。

●鉢植えの梅（2016年6月）

日頃尊敬するある方から次のようなお話を伺いました。

数年前の春、たくさん蕾をつけた梅の鉢植えを買いました。毎日花を楽しみ、花が終わると、鉢を一回り大きいものにして植えかえてやりました。毎日水をやり、しっかり根づくよう半日陰の場所を選び、大切に育てました。

よく世話をしたかいがあってか、新芽がぐんぐん伸び始めました。夏の日照りで枯れないようにと朝晩毎日水をやりました。冬は寒さにやられないようにと軒下に入れ日光のよく当たる所に置き、毎日世話をしました。

やがて春がめぐってきましたが、花は一つも咲きませんでした。あんなによく世話をしたのにとがっかりしてしまいました。でも、なぜだろうかと不思議に思いました。

鉢植えに関する本を何冊か買い丹念に読んでみました。すると、やっとなぜその梅の鉢植えに花がつかないのか理由が分かりました。つまり、梅の鉢を可愛がりすぎたのです。梅の鉢の世話をしすぎたのです。梅に花を咲かせるには、夏は暑さや日照りに、冬は寒さや霜に合わせないといけなかったのです。夏は水をひかえ、葉がよじれるくらいになるまで日照りにあわせ、冬は厳しい寒さにあわせ、霜にかけたりすることによって初めて見事な花が咲くのです。

このように話された後、その方は「手をかけるべきところに手をかけ、手をかけなくてよいところには手をかけてはいけないのです。人間についても同じような気がしてなりません」と語り、静かにたばこをくゆらせました。

若葉が青葉に変わり、自然も刻一刻と姿を変化させています。新年度がスタートして、2カ月が過ぎました。子どもたちは、新しい担任やお部屋にも慣れ、元気に園生活を送っています。ご家庭におかれましても、どうぞ、お子様に細かい観察の目を向け、その子の健全な成長のために本当に必要な手をかけてあげてほしいと思います。ご心配な点に気づきましたら、できるだけ早くご家庭で話し合うとともに、遠慮なく担任にご相談ください。

●3つの芽生え（2016年7月）

子育てに関しては親の数だけ考え方、取り組み方があると思います。それぞれの家風に応じて、子どものしつけや育て方に違いがでるのは当然のことです。幼稚園の研究会に参加すると様々な家庭の教育方針が出され、大変参考になります。

親としては自分が受けた教育や、育児書で学んだことを参考に、その家の実情に応じて精一杯子育てに取り組んでいることと思います。しかし、最近いくつかの研究会で気になることが話題になりました。一つは「子育てに手抜きが多い」こと、もう一つは「年齢に応じたしつけができていない」ということです。

幼児期は人間形成の基礎を培う時期です。親が積極的に関わり、生活の基盤として安心できる家庭であることが大切です。乳幼児期にしっかりと抱きしめてやったり、子守歌や童謡を聴かせてやったり、お話をしてやったりすることは、親の関わりとして最も大事なことです。そうしたことを十分承知してのこととは思いますが、親が忙しいからテレビに子守をさせるとか、親がスマホに夢中になり、しっかりと子どもの顔を見て話をしないという現状が研究会で出されています。

年齢に応じたしつけも大切で、他の子どもとの比較に目を奪われたり、子どもができないことに親が苛立ってしまったりすると、子どもの発達にも大きな影響が出てきます。

埼玉県では小学校入学までに身につけてほしいことを、「子育ての目安『3つの芽生え』」としてまとめています。これは幼児期の特性である「生活」「他者との関係」「興味・関心」の視点から「家庭で身につけてほしいこと」「幼稚園・保育所・認定こども園で身につけてほしいこと」を目安として示したものです。例えば「生活」では「規則正しい生活リズムを身につけましょう」という項目に、以下のことがあげられています。

○「早寝、早起き、朝ごはん」の習慣を身につける

○登園などの時刻を意識し、行動する

○戸外で遊びましょう

- 進んで戸外に出て遊ぶ
- 安全に気をつけて行動する
- 交通ルールを知り、守る

○自分のことは自分でしましょう

- 着替えや衣服の始末をする
- かばんや帽子などを決まった場所にしまう
- 脱いだ靴をそろえる

○物を大切にしましょう

- 遊んだ後の片付けをする
- 食べ物や紙などを大切にする

示された目安で卒園時の園児像を描くことができます。参考にしていただきながら、ゆとりある心で子育てをしていただきたいと思います。

●心がけていること（２０１６年９月）

１学期末、年長組保護者の皆様に「乳幼児家庭教育調査」アンケートをお願いいたしました。埼玉県家庭教育振興協議会からの依頼によるもので、具体的には「子育ての中でのスマホ利用」や「子育てをしていく上で心がけていること」等の実態調査を中心とする内容でした。ご多用の中、ご協力いただきありがとうございました。

アンケートの「子育ての不安やイライラについて」の項目を集計してみました。その結果70％の保護者が「子育てが思うようにいかず、イライラしたり考え込んだりすることがある」と回答されました。多くの保護者が子育てに悩んでいるという様子がわかります。その原因として、複数回答可という中で上位にあげられたものは、以下の通りです。

- お子さんの性格や癖
- しつけ方や教え方
- お子さんの食事（食欲など）

子どもの性格にどう向き合うか、どう指導するかについて困っている様子がうかがえます。

また、子育てをしていく中で「心がけていること」については25の例示がされましたが、どの項目についても「心がけている」が90％以上となりました。ちなみにその25項目は次の通りです。

①「早寝、早起き、朝ご飯」の習慣を身につける
②登園などの時刻を意識し、行動する
③進んで戸外に出て遊ぶ
④安全に気をつけて行動する
⑤交通ルールを知り、守る
⑥着替えや衣服の始末をする
⑦カバンや帽子などを決まった場所にしまう
⑧脱いだ靴をそろえる
⑨遊んだ後の片付けをする
⑩食べ物や紙などを大切にする
⑪園や外遊びでの出来事を家族に話す
⑫思ったこと、考えたことを家族に話す
⑬家の手伝いをする
⑭兄弟姉妹や友達と遊具などの貸し借りをして一緒に遊ぶ

⑮小さい子どもやお年寄りに思いやりをもって接する
⑯元気よく「はい」と返事をする
⑰「おはよう」「いただきます」「ごちそうさま」「ありがとう」「ごめんなさい」が自然に言える
⑱良いこと、悪いことがわかり、考えながら行動する
⑲身近な自然などに触れ、美しさや不思議さなどを感じる
⑳興味・関心をもったものにじっくりと取り組む
㉑いろいろなものに疑問をもち、尋ねる
㉒家の人と一緒に絵本や物語を読む
㉓数を数えたり、集めたり、分けたりする
㉔園の名前、自分のフルネーム、年齢などが言える
㉕やってみたいことや、なりたい人などのあこがれをもつ

悩みながらも健全な家庭という実態が浮かび上がったアンケート調査でした。行事の多い2学期ですが、よろしくお願いいたします。

●認定こども園（2016年10月）

本園では2018（平成30）年度からの新制度移行を目指しています。新制度を利用するに当たっては、保護者の方に利用のための認定を受けていただく必要があります。お住まいの市町による3つの区分の認定に応じて、施設などの利用先が決まってきます。本園としては「認定こども園」を目指しますので、利用施設としては「認定こども園」となります。

3つの認定区分

【1号認定（教育標準時間認定）】
＝満3歳以上で、幼稚園等での教育を希望される場合

【2号認定（満3歳児以上・保育認定）】
＝満3歳児以上で「保育の必要な事由」に該当し保育を希望される場合

【3号認定（満3歳未満・保育認定）
＝満3歳未満で「保育の必要な事由」に該当し、保育を希望される場合

保育を必要とする事由とは以下の通りです。

①就労（フルタイムのほか、パートタイム、夜間、居宅内の労働など、基本的にすべての就労を含む）
②妊娠、出産
③保護者の疾病、障害
④同居又は長期入院等している親族の介護・看護
⑤災害復旧
⑥求職活動（起業準備を含む）
⑦就学（職業訓練校等における職業訓練を含む）
⑧虐待やＤＶのおそれがあること
⑨育児休業取得中に、すでに保育を利用している子どもがいて継続利用が必要であること
⑩その他、右記に推する状態として市町村が認める場合、また、就労を理由とする利用の場合、次のいずれかに区分されます。
1.「保育標準時間」利用＝フルタイム就労を想定した利用時間（最長11時間）
2.「保育短時間」＝パートタイム就労を想定した利用時間（最長８時間）

さらに、新制度の利用にかかる保育料は、保護者の所得に応じた支払いが基本となります。ほうしょう幼稚園としては、現在よりも保護者負担額が多くならないように研究中です。

●ママたちが非常事態⁉（２０１６年11月）

今年1月31日に放映されたNHKスペシャルは、「ママたちが非常事態⁉～最新科学で迫るニッポンの子育て」と題する大変興味深いものでした。その内容に学びながら、皆様にご紹介いたします。

出産後のママは脳の30カ所以上が肥大し、子育ての能力を高めているのだそうです。我が子の泣き声を聞くと、脳の一部が急に活性化するという実験結果がありました。さらに10人の親子を隔離し、泣き声だけで我が子を当てられるかの実験では、10人全員が泣き声だけで我が子を当てていました。父親で実験したら、おそらくそうはいかないのだろうと思います。母親の偉大さを思い知らされました。

ところが、今、そんな偉大な母親に非常事態が起こっているというのです。それは「産後うつ」の問題です。「産後うつ」は一般のうつの5倍以上増加しているという結果が出ています。日本の母親の7割が子育てで孤立を感じ、孤独や不安を感じているという調査結果もあります。「子育てがうまくいかないのは自分の力がないから」と思い込み、ついには「母親失格?・」という思いにまで追い詰められていくというのです。実際、育児中の母親のストレスはほぼ一日中続いています。

以前は、祖父母や近所の年配の方が、様々な形でアドバイスしてくれていましたが、今はそうした姿も稀になってしまいました。その代わりに、救いを求めて母親たちがつながる「ママ友」は日本だけの特殊な現象のようです。「公園デビュー」という言葉のように、近所で子育てをしている人が集い、子育ての悩みを共有したり、おしゃべりをして気晴らしをするとても良い機会だなと考えていましたら、今時の「ママ友」はインターネットを通して見知らぬ人との交流にまで広がっているようです。

「本当に自信ないです。これで栄養をとれているのか、ちゃんと成長するのか。一人でいると不安ばかりが浮かびます。医師に相談し薬にも頼るようになってしまいました。子どものことでこんなにも自分が落ち込んだり、自信がなくなるんだと驚いています」

なぜこんなに不安と孤独にさいなまれるのか。番組ではその原因を、卵巣の中で分泌され、胎児をはぐくむ役割をしているアストロゲンにあるとしていました。

アストロゲンは、子どもを出産すると急激に減少してしまいます。すると、母親の脳では神経細胞の働きが変わり、強い不安や孤独を感じるようになるというのです。そして、それは、もともと人間だけがもつ「共同養育」への促しではないかと番組では推測していました。番組の中で京都大学の松沢先生が次のように話していました。

「進化の過程で、われわれは共同で保育できるようにできていて、必要なときには子どもを預けられるようにできている。誰も助けてくれない中で子どもを育てる、そんなことは人間にはできない。できるようには作られていない。今もなお、母親の身体には、共同養育の本能がすり込まれている」

共同で養育する幼児教育について、改めて考えさせられたひとときでした。

●続・ママたちが非常事態⁉︎（２０１６年12月）

前号に引き続きＮＨＫスペシャル「ママたちが非常事態⁉︎〜最新の科学で迫るニッポンの子育て」から勉強したいと思います。

チンパンジーは5年に1度しか妊娠できません。人間はたくさんの子どもを産む必要性から、毎年でも産める体に変化しました。その結果多くの子孫を残し繁栄することができたのです。そのためには、育児をしながら次々と出産できる仕組みが必要でした。それが「共同養育」という形になりました。生まれてまもない我が子を他人に預けるのは、人間だけなのです。人類は７００万年という時間をかけて、今あるような体・心を獲得してきました。ところが、ここ１００年ほどの間に核家族化が急速に進み、支えてきてくれた環境が崩壊してしまうことになりました。

本能的な共同養育の欲求とそれが叶わない育児環境、それが「ママ友」とつながりたい気持ちや孤独感に駆り立てる原因だったのです。

ヒトは二足歩行になり、産道が狭くなったため、脳が未熟な状態で生まれることになりました。成人の脳の重さが１３００グラムに対し、新生児の脳は４００グラムです。脳の未熟さからもたらされるのが「夜泣き」や「イヤイヤ期」などの不可解な行動です。

出産後のママをまず苦しめるのが激しい「夜泣き」。胎児の睡眠は昼も夜も浅い眠りと深い眠りを繰り返しています。浅い眠りのときは目を覚まします。目覚めている胎児は活動量が多く、母親の血液から酸素をたくさんもらいます。そこで、母胎に負担をかけないよう、夜間に目を覚ます睡眠リズムになっています。生まれた後もしばらくそのリズムが続くのが「夜泣き」の仕組みです。母親を守ろうとする仕組みの一つと考えると少しは耐えられますね。

2～3歳から始まるイヤイヤ期。激しいかんしゃくと大泣きでママを大変困らせています。6歳頃にはたいてい終わるのですが、子育ての大変さを痛感する時期です。3歳頃には脳の前頭前野の働きが未熟で、イヤイヤ期を終えた6歳頃になると前頭前野の働きが活発になっているということです。

こうしたママを苦しめる多くの行動は、未熟な脳がゆっくりと、しかし着実に育っていく過程なのです。なぜ子どもがこんなことをしているのか、親が理解できていれば対処の仕方も変わってくることと思います。

母性は決して生まれつきのものではなく、いろいろな体験をする中でスイッチが入り、自分が妊娠して本格的に母性が活動を始めると言われます。出産前に、赤ちゃんと接する経験がほとんどない今、母親が戸惑うのは当然なのです。

子育てが辛いなと思ったとき、一人で悩まないで是非ほうしょう幼稚園に声をかけてみてください。幼稚園には、あなたを支える多くの味方がいるのです。

様々な知見を与えてくれたＮＨＫスペシャルに感謝しつつ、日本の宝である子どもたちがすくすくと成長するよう祈りたいと思います。

今年１年間、ほうしょう幼稚園にご協力賜りましてありがとうございました。皆様方つつがなく新年を迎えられますようご祈念申し上げます。

●言葉遣い（2017年2月）

栄養士さんと子どもたちの給食の様子を見て回っていたときのことです。アレルギーがある子が心配だったものですから、子どもの様子を見たり、担任の先生とお話ししているうちに時間がたってしまいました。

廊下に出ると、給食を終えたクラスの子どもが歯磨きの準備をしています。後片付けの様子も見てみようと歩き始めたとき、一人の子どもが栄養士さんに「今日のシチューはとてもおいしくいただきました」と声をかけたのです。給食を作ってくださっている方に感謝の気持ちをという配慮を示すにはこの年齢では無理だと思うのですが、そこまで意識しなくても、「おいしかった」という自分の気持ちを伝えようとする態度に好感を覚えました。それ以上に、この子の言葉遣いに驚いてしまいました。

あいさつのできる子、礼儀正しい子は、他から敬愛され、自身の進路も堂々と切り開いていける子に成長することを、私は長年中学生と接してきて数多く体験しています。「おはようございます」「こんにちは」「ありがとうございます」などの基本的あいさつは幼稚園のうちに身につけさせたいと、先生方にも指導の徹底をお願いしています。今回栄養士さんにかけたこの園児の一言は、私のそうした期待をはるかに上回るすばらしいものでした。

国際化社会が進み、他の国の人と交流するようになっても、また、どのような職についても挨拶は基本です。この園児は、すばらしい財産を身につけていると言っても過言ではないでしょう。

県で推進している「子育ての目安『3つの芽生え』」では、家庭で身につけてほしいこととして「言葉で伝え合う」ことに関連して次のことを目標にしています。

- **元気よく「はい」と返事をする**
- **「おはよう」「いただきます」「ごちそうさま」「ありがとう」「ごめんなさい」が自然に言える**

しつけ教育、とりわけあいさつや礼儀については、家庭で見本を見せていただくのが最も効果的です。保護者の皆様のご協力をお願いいたします。

●もめごと（2017年3月）

年度末になると、子どもたちの1年間の成長が強く感じられます。4月当初あんなに泣いていた子も、今では胸を張って登園しています。先生のそばにくっついていた子も、元気に砂場へ向かって飛び出しました。友達とトラブルばかり起こしていた子が、年下の子どもと仲良く遊んであげています。

ここまでの成長は放っておいてなされるものではありません。ご家庭や、幼稚園、地域の中で、一つ一つ丁寧に指導を積み重ねた結果なのです。改めて人間のすばらしさ、教育の大切さを感じています。

本園にはベテランの先生が多く、子どもの発達段階を熟知した上で適切な指導に当たっていただいています。ある年の年中組担任の保育指導記録に、次のような記述が見られました。

朝、バスの添乗から戻ると4人の男の子がもめている様子。A君が「B君がC君を蹴った」と隣のクラスの先生に言いつけに行ったそうだ。事情を詳しく聞くと、成長の証とも思える園児同士のトラブルだった。

まず、BとDで輪になっている積み木を転がす装置を作った。1番に遊ぶのはBのはずだった。

そこへＡが「入れて」とやってきた。Ａに一目置いているＤは、Ａを一番に推すことにした。Ｂはおもしろくない。言い合ううちに、輪をＣが使ってしまい、いらついていたＢはＣから激しく奪い取ったという顛末だった。話を盛ったり、真実でない話を作ってしまうＡにより、物語はすっかり変わってしまったが、Ｂにいらいらして友達に八つ当たりするのは良くないこと、Ｄに、後から来た人は最後の順番に加わるのがルールだからＢの一番を変えようとしたのは良くないことを話した。４者４様の言・行動、それぞれに問題点があることで、社会でも起こりうることでもあるなと思った。

朝の会で状況を話し、全体に問いかけると、後から来たら最後の順番というのはわかっている子が多かったのでＢ君なりの優しさも認めながら、後から来た人は後という確認をした。また、むしゃくしゃして人に当たるのはＮＧなことも話した。年中組後半らしいトラブルであるが、都度都度丁寧に取り組み皆と考えて行きたい。

子どもにトラブルはつきものですが、内容は年齢とともに複雑化していきます。先生方は丁寧に解きほぐし、お互い納得できるよう導いていきます。そして、事例を全体に投げかけ、そのとき自分が当事者だったらどうするかを考えさせます。

毎日毎日起こる様々なトラブルに丁寧に向き合うことで、子どもたちの心の安定が図られていくのです。

●吉田園長（2017年5月）

2010（平成22）年9月号ですから、今から7年も前のことになります。「家の光」という雑誌が「ゆうゆうと百歳現役」という特集を組みました。この号には「時代を超えたかかわりがたいせつ子育て孫育て」という小特集も掲載されていたものですから、書棚の一角に立てかけておきました。内容の一部をご紹介いたします。

福島県いわき市の吉田サタさんは103歳の幼稚園園長さんです。サタさんが幼稚園を設立したいきさつは、次のような出来事があったためでした。

わたしが幼稚園を立ち上げたのは、54歳のときでした。じつはこの近辺には幼稚園がなく、遠くまで通っていた近所の子どもが交通事故で亡くなったんです。住民たちの「幼稚園をつくってほしい」という声に心動かされましてね。まず、中学校を辞めた退職金で200坪の田圃を買いました。園舎は、炭鉱場の空き家を解体した廃材をもってきて建てたものでした。

吉田サタ園長の元気の秘訣は、一生懸命に働くことだといいます。今でも毎日朝の5時半に幼稚園の鍵を開けているそうです。新聞も読み、本も自分で注文しては、寝る前に1時間から

2時間読んでいるそうです。サタさんは次のようにも述べています。

生きるってことは、自分の手足を動かして、何でも自分でやることだと思っています。今も杖は必要ありません。持ってたけど、どこかに忘れてきちゃいました。一人で歩いて行けるかぎりは、園長も辞められないですよね。

吉田園長さんは、子どもをいつも温かく見守っています。

子どもたちはみんなかわいいですね。怒ることよりもまずはほめてやること。そして、どの子どもにたいしても同じように接してやることがだいじですね。後はできるだけ外で運動させる。健康な体をつくることがいちばんです。最近は、食べること、トイレに行くこと、基本的なしつけができていない子どもが多い。親の教育が必要なんだと思いますね。

5時に起床し、7時半から幼稚園児と関わる規則正しい生活が、吉田園長さんの健康を支え、生きがいとなっているのだろうと思います。１００歳を超えてなおこの元気。今年も無事新年度を迎えられたことに感謝しつつ、先輩方の生き方にあやかりたいものと、自らの感性に問いかけています。

●イヤイヤ期（２０１７年６月）

ある本に「イヤイヤ期真っ最中の娘。育児を楽しむには？」と題して、次のような悩みが出されていました。


私は３歳の娘を育てているワーキングマザーです。育児・仕事・家事に追われる日々を過ごしています。現在、娘はイヤイヤ期真っ最中。疲れて帰宅して、娘に癒やされることはたくさんありますが、何事にもイヤイヤという娘に精根尽き果てることもしばしば……。

娘は指示されることが嫌なようで、例えば「洋服に着替えよう」と言うとたいてい拒否されます。冷静に諭すと受け入れてくれるのですが、私がイライラしてしまうときは「保育園に遅れちゃうよ！」と感情的に怒ってしまいます。娘もわがままを目いっぱい言える環境ではない保育園では頑張っているので、できる限り気持ちに応えたいと思うのですが、自分に余裕のないときは、負のスパイラルに陥ります。そのたびに自己嫌悪にさいなまれ、「私って何て駄目な母親なのだろう」と気持ちが沈みます。

私にとって、育児は正解がないのでとても難しく、今までの人生で一番の試練です。仕事をしている方が、気持ちが楽になることもあり、正直仕事に救われています。娘のことは誰よりも好きで大切な存在なのに、このように育児を後ろ向きに捉えてしまうことが悲しいです。ちなみに夫は子煩悩で育児・家事にも協力的です。彼がいなかったらもっと悲惨な状態だったと思います。心に余裕を持って育児を楽しむために、私はどうしたらよいでしょうか。

これに対し作家・音楽道化師のドリアン助川さんが次のように回答していました。

わー、たいへんですね。わかりますよ。お子さんがだだをこねるときの破壊力。顔を真っ赤にしてイヤイヤイヤーッと叫ぶ我が子を前にすると、親もまたひっくり返って叫びたくなるものですよね。それなのにあなたは努めて冷静に対応し、仕事と家庭の双方で尽力されている。もう限界まで頑張られているのではないですか。イライラの芽を摘むためにも、まずは少し力を抜かれて、積極的に緩む時間もつくられてくださいね。さて、その上でひとつ私の考えを。3歳といえば、単なるむずがりではなく、本人の意思表示が始まっている時期です。「洋服に着替えよう」と指示を出すときは、あなたが洋服を決めるのではなく、上着とスカートの組み合わせを見せるなどして、いくつかの選択肢を用意してあげることが状況の打破につながります。これを受け入れるか受け入れないかではなく、これなのかあれなのかと思考させることで、お子さんの自我やセンスを認めてあげるのです。

かけがえのない子どもの成長を楽しむために、「子どもに鍛えられる」場面があってもよいのではないでしょうか。

●おやつと食事（2017年10月）

青山孝行先生は県の教育委員や社会教育委員長を務めるなど、教育行政の推進に多大な貢献をされています。青山先生は県教育委員会に在職時、県教委がテレビ朝日に委託した「モシモシ三ちゃん」という番組の制作に携わっていらっしゃいました。その折経験した出来事を「世界通信教育情報埼玉版」という冊子に寄稿されていました。興味深く考えさせられる内容ですので、何回かに分けてご紹介いたします。

「夏に入ってから、うちの子は急に少食になり、その上、食事に一時間以上かかり、しかも、ほんの少ししか食べない」という相談を受け、「幼児の少食で困るお母さん」というテーマの番組を制作することになった時のことです。青山先生は、撮影スタッフと県立小児医療センターの医師を助言者として3歳児のお宅を訪れました。

幼児の父親は東京の会社に通勤、家には30代の母親と3歳児の2人が在宅していました。

昼食時になって母親と3歳児の2人での昼食が始まりました。子どもの好きそうなおかずが丹精込めて作られ、並んでいるにもかかわらず、3歳児はいっこうに手を付けようとしません。ご飯とおかずをスプーンでかき回したり、ご飯粒をいく粒か口に入れるだけ。約30分後、母親がため息をつきながら、口を開きます。「いつも、こんな具合なんですよ」と。

「幼児の少食に困るお母さん」の撮影を終えたスタッフは、小児医療センターの医師の助言の撮影に移りました。医師はおもむろに母親を伴って台所の大型冷蔵庫の前に立ち、扉を開けました。そこには各種のジュース、コーラ、ショートケーキ、メロン、スイカ等が所狭しと詰め込まれていました。「これですよ。食事が進まない原因は……。おやつと食事が逆転しているんです。いつでもお菓子と飲み物を食べたり、飲んだりできる。そういう環境が、食事少食、長時間の原因なんですよ」

医師の助言がそのまま番組のメインとなったということです。夕食との関連を考え、幼稚園でもおやつの工夫を大事にしています。お菓子類だけでなく、手作りの品をなるべく多く提供するとともに、量と味を絶えず吟味しています。

また、先生方は子どもの好き嫌いをみんな把握しています。嫌いなものを一口でも食べると、すかさず「偉いね」とか「やったね」と声をかけます。

ご家庭でも、時々冷蔵庫のチェックをしていただき、おやつと食事が逆転しないようご配慮ください。

●散らかしっぱなし（２０１７年11月）

引き続き青山先生の経験から学びたいと思います。

その日、青山先生とテレビ朝日の撮影スタッフは、県東部の第一子３歳児を育てる家庭を取材されました。

「うちの子は、散らかしっ放しで整理整頓能力に欠ける」

そう言うお母さんの悩みをテーマとする番組制作のためでした。

ご家庭のありのままを取材したいと考えたスタッフは、約束より30分ほど早く到着し、家の中に入らせていただきました。３歳児の部屋は奥の方にあり、そこに行く前に通るご夫婦の部屋には朝食の残り物が放置してあり、母親が開けっ放しになっていたタンスの引き出しを何カ所か急いで閉めても、そこから下着がベロを出しているという状態だったそうです。

青山先生は、「子は親の言うようにせず、するようにする」という言葉の真髄を見る思いがしたと書かれています。

子どもの振る舞いで最も身近なお手本は、親自身の行動です。靴そろえの大切さもよく指摘されますが、玄関の様子、洋服ダンスや台所の様子など、子どもは意外とよく見ています。ちょっとした心がけで、子どもの変化を促すきっかけとなります。また、片付ける場所や入れ物を用意してあげることも大切です。片付ける方法も一緒に考えてあげると子どもの自主性の育成につながります。

職員室は遊び場ではありませんが、いろいろな関係で子どもが出入りし、待ち時間や始業前のひとときを楽しんでいきます。本を読んだり、おままごとをしたり、カルタをしたりと、様々な遊びをしています。

頃合いを見て、職員室の先生方から「じゃあ、みなさん、お片付けをお願いします」と声がかかります。そのまま帰りかける子もいますが、「お片付けはどうしたかな?」と声をかけられUターンします。「これはどこへしまうのかな?」「このウルトラマンはこっちだ!」等々和気藹々としながら、先生も一緒に片付けています。時には子どもだけで片付けさせることもありますが、終わった後は、「きれいになったね」とか、「〇〇ちゃんが手伝ってくれてとても嬉しかった」「〇〇ちゃんは片付けが上手だね」などと声をかけています。

各お部屋では、担任の先生がさらにきめ細かく声をかけ、励ましながら整理整頓の大切さを教えています。ある先生は、子どもだけでやらせるときには、あまり干渉せず、じっと待ってやり遂げた喜びを十分に味わわせるように心がけていると話してくれました。

片付けた後のすがすがしさは、子どもも大人も同じです。

●迷子（2017年12月）

先日行われたおゆうぎ会では、PTA役員の方々をはじめ、保護者、地域の皆様に大変お世話になりました。それぞれの学年に応じ、立派に演技することができました。年齢による特徴を理解しながら、これからもきめ細かな教育・保育に努めて参ります。どうぞよろしくお願いいたします。

青山孝行先生によれば、3歳前後の幼児は「知・情・意・体」が未分化の時期にあるということです。絵本は好きだが運動は苦手だったり、どろんこ遊びは大好きだがお絵かきは嫌いだったり、知的なのだが情が薄かったり、体は健康なのだが意志が弱かったり、「知・情・意・体」が未分化という特徴があります。

そのことをお母さん方に理解してほしいというねらいで構成したのが、「迷子になった3歳児」という番組でした。

迷子という経験は、幼児には不安感を起こさせる危惧もあることから母親に事前にお話しすると、

「うちの子は、迷子になったときのために、両親の名前と住所が言えるように、しっかりと何

度も教えてあるから大丈夫です」

という承諾を得ての撮影だったそうです。

幼児の住む場所から少し離れた公園に母親と3歳児が遊びに行き、2人がベンチで昼食をとり、母親が3歳児に、

「ジュースを買ってくるから、ちょっと、このベンチで待っていてね」

と言って立ち去るといった設定でした。

もし、3歳児が泣いたり、その場を離れたりした場合も考慮して、地元女性警察官のご協力も得ていました。カメラは、大木に囲まれたベンチから20メートルほど離れた所に用意されました。

ひとりぼっちでベンチに座っていた3歳児は、5分ほどたつともぞもぞしだし、まもなくベンチの周辺を回り始め、7、8分するとめそめそ泣き始めます。10分も過ぎた頃、「ママー、ママー」と大声を出して泣き出しました。ここでやさしい女性警察官の出番です。3歳児に近づいた女性警察官は、「どうしたの?」「お名前は?」「ママはどこに行ったの?」「ボク、どこに住んでいるの?」「住所言える?」などと、やさしい言葉でいろいろ聞くのですが、3歳児は泣きじゃくるばかりで、何も答えられません。

折角、覚えた住所や名前（知識）も、悲しい気持ち（情）に負けてしまって、はっきり（意）気持ちで伝えられない。これが3歳児の実態なのです。

3歳児になると言葉も飛躍的に伸び、自己主張も強くなります。反抗期と呼ばれる時期でも

あり、扱いが難しく、親も対応に苦慮する場面が出てきます。そのようなとき、子どもの未分化な状態をしっかりと把握し、冷静な対応をすることが大切です。

今年も1年間ほうしょう幼稚園に温かいご支援をいただき、ありがとうございました。皆様、良い年をお迎えください。

●平熱（2018年2月）

お子さんの平熱をご存じでしょうか。今、子どもの体温が下がっているというお話をいろいろな機会に伺います。ある調査では、平熱が36度に満たない子が全体の40％以上にもなっているそうです。低体温になるのは交感神経緊張から来る血管収縮によって、血流障害が起こるためです。

原因は自分自身で発汗して体温調節をする力が落ちてしまったからだといいます。確かに世の中が便利になり、あまりにも快適な環境で生活する子どもが多いように思います。

新潟大学の安保徹教授によれば、こうした子どもは自律神経もきちんと機能していないため、免疫力も弱くなって、すぐに病気になったり、ストレスを抱え込んでうつ病になったりする確率が高いということです。

こういう子どもたちの外見の特徴の一つは、ぽっちゃりとした体型の持ち主だと安保教授は指摘します。リンパ球過多でぽっちゃりして、おっとりとした性格の子どもに多いようです。

こうした子どもが体温調節力を回復するには、運動して汗をかく練習をすることが良いということです。安保教授の著書『病気にならない免疫生活のすすめ』には次のように記述されています。

最初は体を暑さに慣らしていく程度で十分です。歩く、軽く走ると言った程度の運動でいいでしょう。それから、徐々にあったかいものを食べたり、飲んだりする習慣を作ります。お風呂に入ることもいいです。

汗腺が退化しているので初めは辛いでしょうが、そうやって汗をかく練習をしていくと、3カ月もすれば、汗腺は再生され、自力で体温調節ができるようになります。


何だか高齢者向けの一文のように感じますが、子どもにも大人にも、運動して汗をかくことは大事なことだと改めて感じました。

寒い冬のさなかですが、雪の残る園庭で子どもたちは元気に遊んでいます。今年はインフルエンザの型がA、Bともに混在し、2度かかってしまう子どももいます。体温をしっかり把握して、寒い冬を元気に乗り越えられるようご協力をお願いいたします。

インフルエンザを蔓延させないためには、体温だけでなく咳エチケットにも十分ご配慮ください。

●低体温（2018年3月）

先月に引き続き体温についての話題です。

子どもの急な発熱は心配なものです。数年前、お泊まり会の折、ある園児が40度近い高熱を出しました。保護者に伺うと、体調を崩すとすぐに40度近くの発熱が見られるとのことでした。その頃から、子どもの平熱を把握しておく必要を感じました。

ところで、最近は平熱が35度台の子どもが増えているということを読売新聞の記事（平成28年10月7日付）で知りました。その後「埼北よみうり」も10月14日に「栄養士直伝健康&レシピ」の記事の中で「健康と体温の関係性」について触れています。

1日を通じて体温が35度台にとどまっている状態を「低体温」と言います。人間の平熱は、生まれた直後は37度以上で、生後100日で37度ほど、2歳児で36度台に落ち着きます。夜眠っているときは低く、日中活動しているときは高く、という規則的な体温リズムで生活するようになります。低体温は、このリズムが崩れた状態です。読売新聞の記事の中で早稲田大学の前橋明教授は「自律神経の働きが乱れ、体温調節がうまくいかなくなると、低体温になる」と指摘されています。そして、「低体温になると、登校・登園して下駄箱の所でぼんやりと座り込んでいたり、午前中の授業が頭に入らなかったりといったことが起こってきます」と述べています。記事は、低体温を解消するには、自律神経のバランスを回復すること、そのためには、規則正しい生活が最も大切だと指摘します。また、低体温になるのを防ぐ方法として、次の6点があげられています。

●早く寝る（午後8時が理想。遅くとも9時）
●早く起きる（午前6時頃）
●朝ご飯をしっかり食べる
●1～3歳児は午前中に思い切り運動する
●4～6歳児は午後3～5時にも運動する
●幼児は親子ふれあい体操、小学生は鬼ごっこなどがお薦め

「埼北よみうり」では、体温が1度下がると免疫機能が37％も低下し、様々な病気に対しての抵抗力が落ちると紹介しています。子どものときから、継続的な運動によって筋肉量を維持・増進し基礎体温の低下を防ぐことが健康につながるということです。

いよいよ来年度から「こども園」として新しいスタートを切ることになりました。幼稚園としての平熱を確認しつつ、基礎体温の低下を防いでいきたいと思います。一層のご支援をお願いいたします。

●生活実態調査（２０１８年５月）

新緑の鮮やかな季節になりました。入園式・進級式後の戸惑いもひとまず落ち着き、教育・保育活動も順調に進められるようになりました。園庭では鯉のぼりが子どもたちの遊びを眺めながら悠々と泳いでいます。

さて、子どものよりよい成長のためには「早寝・早起き・朝ご飯」が大切だと言われています。言うまでもなく、「睡眠時間を十分にとって、朝はきちんと朝ご飯を食べて規則正しい生活を送りましょう」ということです。

全日本私立幼稚園幼児教育研究機構の調査広報委員会では、２０１５年10月から同年12月に全国の幼稚園、こども園に子どもを通わせる５３２９名の保護者を対象に「現代の子どもの生活実態調査」を実施しました。回答者の97％が母親でした。

この調査から、子どもの起床時刻、就寝時刻についてみると次のようなことがわかりました。起床時刻については、５年前は、６時台が最も多く（57・6％）、次に7時台（36・5％）でしたが、今回は、最も多いのが、朝7時台（53・6％）で、次に6時台（41・5％）でした。就寝時刻については、５年前は、８時台が最も多く（55・1％）、次に9時台（32・6％）ですが、今回、最も多いのが、９時台（52・９％）で、次に8時台（35・３％）でした。

子どもたちの生活には、就寝も起床も遅くなっている夜型化傾向が見られますが、睡眠時間を見ると5年前と今回の調査ともに、9時間台が最も多く、次に10時間以上で、およそ9割の子どもが9時間〜10時間以上睡眠をとっていることがわかりました。

この統計と比べてお子様の起床・就寝時刻はいかがですか。

和洋女子大学の鈴木みゆき教授は、２０１７年3月31日の読売新聞で次のように指摘しています。

骨や筋肉を作ったり免疫力を高めたりするのに必要な成長ホルモンや、思春期が来るまで第二次性徴を抑える働きを持つメラトニンは、夜や就寝時に大量に出される。どちらも子どもの成長に欠かせない。

またある方は、寝る時間が遅くなることの弊害は平熱に現れるとも述べています。37度をいつも超える「高体温」や35度台の「低体温」など、自律神経の働きが悪くなり、体温をうまく調節できない状態になるといいます。

生活リズムが大きく変わるこの時期、子どもの睡眠には十分な配慮が必要と思います。ご協力をよろしくお願いいたします。

●やなせたかしさん（２０１８年７月）

やなせたかしさんと言えば、本園のマスコットキャラクター「アンパンマン」の生みの親として知られています。１９１９年２月６日東京都北区で生まれましたが、幼くして父と死別。母親が再婚したため、伯父に引き取られたといいます。自伝によれば、そのためか思春期は荒れた精神状態だったようです。その破天荒な人生は『人生なんて夢だけど』というやなせたかしさんの自伝的エッセーに詳しく綴られています。

荒んだ少年の心は、東京高等工芸学校の図案科に入学したことにより落ち着きを取り戻しました。ところが、軍隊に召集され、戦争を体験することで、今まで信じていた正義が突然反転するということを思い知らされます。この体験は、同時に「何のために生きるのか」というアンパンマンの原点を見いだすことにつながったのです。

当初、大人向けの物語として登場し、あまり話題にもならなかった「アンパンマン」は、子ども向けの絵本にすることで大ヒットしていきます。

２０１３年10月30日放送のＮＨＫ「クローズアップ現代」は、「アンパンマンに託した夢～人間・やなせたかし」を放送しましたが、その中で次のように紹介します。

絵本の出版から15年後。やなせさん、69歳のときスタートしたアニメは、大ヒットとなりました。かわいらしく姿を変えた、アンパンマン。正義とは、生きるとは、やなせさんの大切な思いが込められています。

目の病気など、体力の限界として引退を考えていたやなせさんでしたが、東日本大震災が発生し、「アンパンマンのマーチ」が多くの被災者の心の支えになったことから、病に冒された体を押して支援に尽力していきます。やなせさんは同番組で次のように発言しています。

今度の震災のときにですね、一番多く歌われたのがアンパンマンのテーマソングであったというのを聞いたときはね、本当に嬉しかった。役に立ったと思いましたね。僕も長い間ね、自分は、いったい何のために生まれたのか、何をして生きるのか、ずいぶん悩んだんですけど、やはり、だから自分は子どものためにお話を書いたり、絵本を描いたりするのが自分の天職だなあと、この頃になって思うようになった。

本園の園児や教職員も、アンパンマンに大いに勇気づけられています。

●幼児期の終わりまでに（2018年9月）

夏休みといっても、従来のイメージとはだいぶ様変わりしてきました。ほうしょう幼稚園でも〝こども園化〟に伴い、長期休暇となったのは1号認定のお友達のみ。2号認定、3号認定のお友達には長期休暇はなく、毎日登園でした。とはいえ、ご家庭では家族でのお出かけ、親戚や知人との集い、地域では納涼祭などもあり、夏の楽しみを満喫されたことと思います。

2号認定、3号認定園児を含め、例年通り2学期始業式を行いました。久しぶりに全員がそろい、大きな声で園歌が響き渡りました。行事の多い2学期を充実したものにしたいと思います。今年度から全面実施となった「幼保連携型認定こども園教育・保育要領」では、「幼児期のおわりまでに育ってほしい姿」が具体化されています。

ア 健康な心と体　イ 自立心　ウ 協同性　エ 道徳性・規範意識の芽生え　オ 社会生活との関わり
カ 思考力の芽生え　キ 自然との関わり・生命尊重　ク 数量や図形、標識や文字などへの関心・感覚
ケ 言葉による伝え合い　コ 豊かな感性と表現

以上の10項目があげられ、ねらい及び内容に基づく活動全体を通して資質・能力をはぐくむ

ことと定められています。
本園では2学期には イ 自立心と コ 豊かな感性と表現 を重点として教育・保育に当たります。
具体的な姿として、以下を目指します。

イ 自立心

身近な環境に主体的に関わり様々な活動を楽しむ中で、しなければならないことを自覚し、自分の力で行うために考えたり、工夫したりしながら、諦めずにやり遂げることで達成感を味わい、自信をもって行動するようになる。

コ 豊かな感性と表現

心を動かす出来事などに触れ感性を働かせる中で、様々な素材の特徴や表現の仕方などに気づき、感じたことや考えたことを自分で表現したり、友達同士で表現する過程を楽しんだりし、表現する喜びを味わい、意欲をもつようになる。

発達段階に応じて、こうした姿に近づくよう段階を踏んで指導していきたいと思います。様々な行事を通し、子どもたちが心身ともに大きく成長するよう支援して参ります。

●賢い子（2018年10月）

異常気象の影響でしょうか、10月2日に予定していた稲刈りを8月30日に行いました。猛暑に加え台風も多く、まさに異例ずくめの夏でした。秩父地方は災害も少なく助かっていますが、いざというときの備えは常にしておきたいと思います。

さて、『16万人の脳画像を見てきた脳医学者が教える「賢い子」に育てる究極のコツ』というタイトルに引かれ、1冊の本を手に取ってみました。著者は東北大学加齢医学研究所の瀧靖之教授です。帯には、「『ぐんぐん伸びる子』と『そうでない子』、差はどこでつくんだろう？　頭がいい子を科学的に解明！」とあります。さらに表紙カバーの折り込みには「世界最先端の脳研究から見えてきた一生頭がいい子の条件とは？」と興味を引かれる言葉が並んでいます。

本書の「はじめに」の教えるところによれば、東北大学加齢医学研究所は日本国内では唯一、大量のＭＲＩ画像をデータとして蓄積しているそうです。特に子どものＭＲＩデータは貴重で、世界でもこれほど充実したデータを持っている機関はありませんと自負しています。瀧教授はこれらのビッグデータから、「どんな生活習慣の人が、どんな病気になりやすいか」、「どんな人が認知症になりにくいか」などを研究しているのですが、その研究から、「どういうふうに育った子どもが賢くなるのか」という新しい事実が見えてきたというのです。

「おわりに」で瀧教授は、認知症の研究から明らかにされた「認知症を予防する3つの要素」として「①運動」「②コミュニケーション」「③趣味や好奇心」をあげています。このうち特に好奇心が大事で、脳がいつまでも若々しい人の好奇心の源を掘り下げていったところ、「子ども時代」に行き着いたと述べています。子どもの好奇心を育むためにはある程度の親の努力が必要ですが、瀧教授は次のように述べています。

お子さんを見て興味のタネを見つけてあげることが必要ですし、お休みの日を、公園や博物館で過ごすことも多くなるでしょう。

親が率先して図鑑をめくってみたり、楽器を弾いてみたり、スポーツをすることになるかもしれません。お稽古に通わせるなら、その送り迎えが必要です。

しかし、頑張れば頑張るだけ、お子さんの脳はぐんぐんと、よい方向に変化していきます。思春期までの子どもの、このスピード感のある成長は、長い人生の中でも、ほんの一時期だけのもの。親の頑張りで子どもの未来を変えられるのも、この、ほんの一時期だけのことです。

しかも瀧教授は、次のように力説されます。

お子さんの好奇心を育てているうちに、親御さんご自身の脳も成長し、それが人生の充実、そして将来の認知症の芽を摘むことにつながっていきます。

子どもを賢くするために好奇心を育てることが、認知症の予防にもつながるとしたら一石二鳥ということになりますね。

今回は概略のみで肝心の中身に触れることができませんでした。「究極のコツ」については来月ご紹介いたします。

●好奇心（２０１８年11月）

引き続き『「賢い子」に育てる究極のコツ』に学びたいと思います。著者である瀧 靖之教授は、子どもがぐんぐん賢くなるための「3つの秘密道具」として、図鑑、虫取り網、楽器をあげています。

図鑑を基本に、図鑑と現実をつなぐ道具を大事にしています。瀧家ではたまたま虫取り網だったということで、カメラでも、釣り竿でも、望遠鏡でも子どもの好奇心を伸ばすものなら何でも2つ目の秘密道具になるのです。そして、実際に道具を持って外へ出ることで、図鑑の中の情報を現実世界と結びつかせることが大事なのです。

「かっこいいな〜」と図鑑でトラを眺めていたら、ある日、お父さんが動物園で本物のトラを見せてくれた。その迫力は図鑑とは比べものになりません。こどもの心は、ワクワクとドキドキでいっぱいになります。もう、トラのおりの前から一歩も動かない！　家に帰ってからも、動物園で録音した「ガルルル」というトラの鳴き声を、何度も繰り返し流して、聞けば聞くほど夢中になっていくようです。

このように「バーチャル（図鑑）の情報」と「リアル（現実の世界）の体験」を結びつける努力を「意識的に」行うことが大事なのです。

「好きこそものの上手なれ」といわれますが、子どもの好奇心を引き出すことが保護者やこども園の大事な役目なのですね。このときのポイントについて瀧先生は次のように述べられます。

バーチャルとリアルを結びつけるコツは、「子供に知識を覚えさせよう」というよりも、もう少し肩の力を抜いて、「家族みんなで楽しもう」という姿勢でいることとです。

自然に恵まれた秩父地区です。秋たけなわの今、どこへ出かけても好奇心の種が転がっています。図鑑を手にしていると、子どもはきっと「なに？」「なに？」と寄ってきます。

「どうしてこんなきれいな色に紅葉するのかな」

「珍しい鳥がいるよ。なんていうのかな」

「きれいなお月様だね。月は地球の周りを回っている衛星なんだよ」

等々。子どもの好奇心が芽生えたら、少し説明を加えてもいいでしょう。

子どもは自然に知識を広げていきます。無理に教え込まれた知識よりもはるかに強化された記憶として子どもの頭に残っていくと思います。

●睡眠時間（2018年12月）

ご紹介している瀧 靖之教授によれば、「好奇心の有無とは別に脳の働きを左右する条件がある」といいます。要するに脳のコンディションをよりよく保つような生活習慣ということです。子どもの脳の成長にとって、何より大事なものが「十分な睡眠」です。十分な睡眠をとっている子どもは、慢性的に睡眠不足な子どもよりも、海馬《かいば》の体積が大きく、基本的な記憶力も優れている、ということが脳画像の解析から明らかになってきつつあるということです。「海馬」はご存じのように脳の司令塔で、記憶を司るといわれています。

一日の適正な睡眠時間は左記だということです。

新生児（0～3カ月）＝14～17時間
乳児（4～11カ月）＝12～15時間
幼児（1～2歳）＝11～14時間
幼稚園児（3～5歳）＝10～13時間
就学時（6～13歳）＝9～11時間

ちなみに成人は7～9時間となっています。最近、睡眠負債ということが話題になっていますが、睡眠不足になるとそれだけで、海馬は育たなくなるといわれています。逆に睡眠時間は長過ぎてもよくないとのことです。睡眠時間が長過ぎると、眠りが浅くなってしまうことがあるようです。年齢ごとの適切な睡眠時間を心がけることが大事です。

ほうしょう幼稚園では、2歳児以下の子どもは、給食後午睡の時間を設けています。脳の成長にとっては、お昼寝はあまり関係ないようです。ことに、夜眠れなくなるようなお昼寝はよくないので、ちょっと疲れがとれるくらいのお昼寝にしています。満3歳になると体力もつき、午睡はほとんど必要なくなっていきます。

「幼保連携型認定こども園教育・保育要領」では次のように規定されています。

午睡は生活のリズムを構成する重要な要素であり、安心して眠ることのできる環境を確保するとともに、在園時間が異なることや、睡眠時間は園児の発達の状況や個人によって差があることから、一律とならないよう配慮すること。

また、うつぶせ寝による事故を防ぐために、0歳児は5分おきに、1、2歳児は10分おきに、おなか、胸、背中、横腹の動きを見て、触れて、ふだん通り呼吸しているか確認しています。計時にはタイマーを利用し、うっかりミスがないようにしています。うつぶせ寝でないとなかなか寝ない子もいますが、ご家庭でもできるだけ仰向けで寝られるよう訓練してみてください。

ご家庭では、安心して十分な睡眠をとれるようご配慮ください。

異常気象や災害等に悩まされながらも、まもなく平成30年から31年へのバトンタッチとなります。子どもたちは年末、年始の行事を楽しみにしています。日頃のご支援に感謝しつつ、すがすがしい新年を迎えられますようご祈念いたします。

●絵本（2019年2月）

年長組さんが横瀬町立図書館を訪問したことがきっかけで、図書館の本を100冊お借りすることになりました。館員の方が、子どもたちにふさわしい物語や図鑑などを選定して届けてくださいました。今後定期的にお借りすることになっています。子どもの身長に合わせた木製の書架を購入し、大勢の園児が利用できるようにとおゆうぎ室に設置いたしました。

今年度から、朝、始業前のひととき、子どもたちはおゆうぎ室で過ごすことになっています。バスの添乗で職員が手薄になる中、子どもの安心・安全を考えてのことです。ボール遊びや縄跳び、折り紙などをして、子どもたちはこの時間を以前よりも有効に過ごしています。そこに本が加わり、子どもたちの楽しみがまた一つ増えました。

100冊の本を並べるには書架がやや小さかったため、理事長さんがご自宅から本箱を持ってきてくださいました。ゆとりを持って並べられた本を子どもたちは自由に選択することができるようになりました。

毎朝、おゆうぎ室で、先生方と輪になって本を読む子どもたちの姿が見られます。

「こどもの本の童話館グループ」発行の『絵本のある子育て』には、次のように書かれています。

すぐれた絵本は、洗練された美しい日本語によってつづられています。子どもは、未知の美しい日本語を、親の声で読まれる物語の楽しさにのせて、身につけていくのです。絵本を読んでもらっている子どもの言葉の発達が早く、表情も豊かなのは、そのためです。

言葉は、考え、思い、学び、伝えるための手だてです。言葉が豊かになることは考えや学びが豊かになることです。それは、人が人らしく生き、社会のなかで、人とかかわりを持って生きるうえで、どれほどたいせつなことでしょう。これほどにも大切な言葉の力は、乳幼児期の、親から子への語りかけや、絵本を読んであげるという、温かく、人間的なふれ合いをとおして得られていきます。

本を読むことで、子どもたちの世界が一層広がるよう願っています。

●認定こども園（2019年3月）

認定こども園移行後、試行錯誤の毎日でした。次々と派生する課題に追いかけられ、積極的な攻めの姿勢に欠けた1年でした。

年度末に当たり、こども園の制度について振り返り、今後のあり方を考えたいと思います。

平成24年8月、日本の子ども・子育てを巡る様々な課題を解決するために、「子ども・子育て支援法」という法律ができました。この法律と、関連する法律に基づいて、幼児期の学校教育や保育、地域の子育て支援の量の拡充や質の向上を進めていく、「子ども・子育て支援新制度」が、平成27年4月に本格スタートしました。この新制度のポイントの一つに「認定こども園制度の改善」がありました。認定こども園には次のように4つの類型があります。

1 幼保連携型認定こども園
2 幼稚園型認定こども園
3 保育所型認定こども園
4 地方裁量型認定こども園

本園が選択した[1]の「幼保連携型認定こども園」は「学校かつ児童福祉施設」としての法的性格をもち、４類型の中で最も厳格な基準を必要とするものです。教育・保育に当たっては、すべての子どもに質の高い幼児期の学校教育及び保育の総合的な提供を行うため『幼保連携型認定こども園教育・保育要領』を基準とすることと定められています。

本園ではこのような点を踏まえ、次のようなことに配慮して参りました。

○生後10カ月から小学校就学前までの一貫した教育及び保育を園児の発達の連続性を考慮して展開していくこと。
○家庭と密接な連携を図り、子どもの生活リズムに応じた教育及び保育の内容や展開を行うこと。
○認定こども園としての特性を生かし、異年齢交流の機会や場を増やし、情操教育に重点を置き、豊かな人間性を高めること。
○保護者・地域の子育て相談に積極的に応じ、関係機関との連携を図ること。

課題は山積していますが、「人材育成」を根本にすえながら、今後も全力を尽くしたいと思います。

●給食（2019年5月）

新緑の鮮やかな季節になりました。入園式・進級式後の戸惑いもひとまず落ち着き、教育・保育活動も順調に進められるようになりました。園庭では、鯉のぼりが子どもたちの遊びを眺めながら悠々と泳いでいます。今年度は特に長い連休となりますので、子どもが規則正しい生活を送れるようご配慮ください。

全学年で給食が始まりました。本園では管理栄養士が考えた献立を、調理員さんや先生方が様々な視点から検討します。そして、安全面を第一に、食育を意識して毎月の給食予定表として決められていきます。

「血や肉になる」「熱や力になる」「体の調子を整える」などを考慮し、バランスのよい、おいしい給食をと配慮しています。しかも、0歳から5歳児までと年齢差がありますので、「0～1歳児用」と「2～5歳児」用の2種類を作っています。こども園になってからは、おやつも予定表の中に組み入れています。

最近は、糖尿病や高コレステロール血症など、成人病といわれる症状を持つ子どもも見られます。食生活がその大きな要因の一つだともいわれています。子どもの成人病化を予防するためにも、ご家庭と協力し、次のような食生活の観点について留意していきたいと思います。

①よくかんで食べましょう
⬇よくかむことは頭をよくする効果があります。
②食べ過ぎに注意
⬇自分の体と活動量に合わせて食べることが必要です。
③食事は生活のリズムに合わせて規則正しく
⬇だらだら食べたり、まとめて食べるようなことはやめましょう。
④タンパク質
⬇肉や魚などの動物性タンパク質と、米や大豆などの植物性タンパク質を、半々に食べるようにしたいものです。
⑤食事は楽しい雰囲気で
⬇いくら栄養が満たされていても、楽しく食べなければ何にもなりません。

今回参考にさせていただいた斎藤茂太氏監修の『いきいきっ子の健康食事』（婦人社）には次のような記述も見られます。

現代に要求される健康づくりとは、許された寿命の限り、パワフルに快適に毎日を送れる体力、気力を養うことで、そのためには食事、運動、休養の３本を柱とする正しい生活習慣を身につけることが不可欠なのです。

習慣は一朝一夕で身につくものではありません。子どもの頃から、もっといえば幼少の頃からの習慣づけが大切です。食生活をはじめとして、正しい習慣はしつけや教育によって身につけさせることもできますが、お母さんが正しい生活をすることが何よりのお手本となります。

家族がそろって食卓を囲む風景は子どもの情緒を豊かにします。食事を通してのコミュニケーションは子どもの心を安定させる絶好の機会です。

●愛情弁当（2019年6月）

本園では毎月お誕生会を開いて、その月生まれの園児をお祝いしています。お誕生会にはご都合のつく限り、おうちの方にも参加していただいています。

4月、5月はご家庭の状況も考慮して給食にしていますが、6月から、「愛情弁当の日」と称し、おうちからお弁当を持参していただく日を新たに設けました。その日子どもたちは、おうちの人に作ってもらったお弁当を朝から楽しみにしています。

子どものお弁当ですから、どの程度の量にしたらよいのかご心配な方もいらっしゃるのではないでしょうか。先月ご紹介した『いきいきっ子の健康食事』には次のように記されています。

大人に比べると子どもの場合は食が細い子、逆によく食べる子の個人差が大きいといえます。考えてみれば、この個人差はすでに赤ちゃんの頃からあって、ミルクをたっぷり飲む子、毎回飲み残してお母さんを心配させた子、といろいろいたはずです。

これはいわばその子の持つ体質のようなもの。ですから、子どもの場合も、何歳だから1日当たりどのくらい食べないといけないという決まりはありません。

学校給食などは、厚生労働省で作られた「栄養所要量」をもとにして、カロリーや栄養素を計算して献立が作られています。でもこれはあくまでも一つの目安であって、このとおりにしないと栄養不足になるというものではありません。ましてや、家庭で毎日この「栄養所要量」に基づいて献立を作るなどというのはとても無理でしょう。

ではお母さんは何を見て、子どもにちゃんと栄養がとれているかを判断すればいいのでしょうか？

それには、偏食をしてないか、毎日規則正しく食事がとれているか、健康状態はどうかなどが判断の目安になります。

要するに、保護者が子どもをしっかり見ることが大事だということです。このほか、間食の量や運動量も考慮する必要がありますが、子どもが元気で楽しく食べられる量が、その子にとっての適量となります。

注意しなければならないのは、おやつの質や量です。スナック菓子や甘いジュース類ばかりを摂取していると、肝心の主食をとることができなくなってしまいます。

子どもが楽しみにしているお弁当。お弁当を介して、園児と保護者と先生のコミュニケーションが生まれてくるようであれば、保護者の心が伝わるお弁当といえると思います。

手間や費用をかけず、無理もせず、子どもが喜んで食べる姿を思いながら作る手作りのお弁当は、きっと子どもの心を豊かにしてくれると思います。

●七夕（2019年7月）

この時期、本園でも七夕様に飾る短冊を作っています。

七夕は、奈良時代に中国から伝わった風習だということです。元々は裁縫や手芸の上達を願い糸が供えられていました。七夕行事が庶民へと広がるにつれ、高価な糸に変わり紙を切って供えたのが短冊の始まりだといわれています。

本園では、願い事を書いた短冊や飾り物を8月の「おたのしみ会」の日に飾っています。「3号認定」のお友達は、できるようになってほしいことやご家族の夢などを保護者に書いていただきます。年少、年中は子どもの話を聞き取って、担任の先生が書いてくださいます。年長になると、自分で書けるようになります。昨年の年長組担任の先生の指導記録に次のような記述が見られました。

七夕飾りを作っているときのこと。今日はお願い事を短冊に書いた。Aちゃんのお願い事を見てみると、「みんなとせんせいがたがしあわせにくらせますように」というものだった。「みんなとせんせいがたとAちゃんって書けば」と声をかけると、「Aちゃんはいい」と言いました。「Aちゃんの七夕飾りなんだから、Aちゃんのことも書いていいと思うよ」と言ったのですが、「Aちゃんは書かなくていい」ともう一度言ったのです。

以前からよく気がついてやさしいAちゃんですが、最近は特に周りに気を遣っているように感じます。

年長とはいえ、こんな小さな子どもが、みんなの幸せを願うとは驚きました。Aちゃんは、普段、自己を卑下するようなことはなく、明るくはきはきしているので心配することはないのですが、「Aちゃんは書かなくていい」と主張したこのときは、何かあったのでしょうか。担任の先生にその後の様子を伺うと「普段と変わりません」ということでした。

8月に行われる「おたのしみ会」で、短冊は例年のように竹の枝につけて飾られました。「けーきやさんになれますように」や「にんじゃになれますように」「チョコレートをたくさん食べられますように」など、子どもらしい願い事が風に揺られる中、Aちゃんの短冊がキラリと光って見えました。

●元気（2019年9月）

冷夏から一転猛暑となった今年の夏でしたが、体調はいかがでしたか。2学期が始まり、子どもたちは全員元気に始業式を迎えることができました。元気に遊ぶことで充実した2学期となるよう念じております。

元気があるとか、元気がないとか言いますが、人のエネルギーはどのように作られるのか不思議に思っていました。あるとき、新潟大学名誉教授・安保 徹氏の『病気にならない生き方』及び『安保 徹のやさしい解体新書』という本を読み、その解答を得ることができました。しかも、そのエネルギーのあり方は、子どもの様々な行動を理解するヒントを含んでいるものでした。

私たちが活動するためのエネルギーの作り方には、無酸素系と有酸素系の2通りがあることをまず学びました。

2通りのうち一つは酸素を必要としないで糖質から瞬発力を生み出す解糖系です。もう一つは、酸素を取り入れて持久力を生み出すミトコンドリア系です。

この2つのシステムは共存共栄し、体は必要に応じて使い分けているということです。解糖系がつくるエネルギーは電池2個分と効率は悪いのですが、酸素は必要なく、糖質からすばやくエネルギーを作り出せます。

ミトコンドリア系は、食べ物から取り出した水素を、取り入れた酸素と反応させて、電池36個分という大量のエネルギーを作り出せます。

ご飯やパンなどに含まれる糖質が細胞内で分解される過程で、活動エネルギーが生み出されます。これが、糖からエネルギーを生み出す解糖系の仕組みです。

解糖系で分解された栄養素は、ミトコンドリアの内部でさらに分解され、水素が作り出されます。この水素が、別経路で運ばれてきた酸素と結びつく過程で大量のエネルギーが生み出されます。これがミトコンドリア系のエネルギー生成の仕組みです。

この2つのバランスをとりながら、年齢とともに解糖系からミトコンドリア系に移行させることが健康の要になるというのです。これが2つ目に学んだことです。

胎児の頃は、解糖系を優位に働かせて細胞分裂と増殖を繰り返し、成長します。母胎から生まれ落ちて酸素を取り入れる肺呼吸が始まると同時に、ミトコンドリアは15歳頃まで増え続けます。ミトコンドリアが多くなるまでは解糖系優位の時代で、とにかく食べて活力を確保し成長し続けます。

20～50代は、解糖系とミトコンドリア系を活用する調和の時期です。50代はエネルギー生成の変遷期で、少食への切り替え時です。この時期に食事に依存し、解糖系でエネルギーを作り続けると、病気の素地ができます。

以上がエネルギー生成の基礎ですが、内容は前記両書から学んだことばかりです。

次回からこのエネルギー生成の仕組みと子どもの行動の関係について学びたいと思います。

●解糖系（２０１９年10月）

前回は解糖系とミトコンドリア系という2つのエネルギー生成について学びました。ミトコンドリアは誕生時にはほとんどなく、3歳を過ぎたあたりから増加してきます。「三つ子の魂百まで」と言う通り、3歳までは解糖系の世界で細胞分裂を盛んに行い、一生の基礎を作っていきます。

子どもは、いつも飛び回って元気ですが、それは解糖系の無酸素運動が活発なため、瞬発力のエネルギーが有り余っているからです。しかし、持続力がないため、跳び回りはしますが、長距離走まではできません。

と、安保 徹先生はお書きになっています。

その他、子どもの様々な行動の意味づけを、解糖系のエネルギー生成に求めることができます。

飽きっぽく、おもちゃや道具を使って遊んでも、片付けまで気が回らないために散らかしっぱなしですが、それも解糖系の世界に生きているためです。

成長期には成長するためのエネルギーが必要ですが、解糖系のエネルギーは生成されるのは速いけれど、消費されるのが速いことも特徴です。そのため、成長期の子どもは、おやつが必要ですし、1日に4食や5食必要ということもあるのです。

こうしたことを知っておくと、散らかし放題の子どもにイライラすることも少なくなるでしょうし、おやつ作りにも熱が入るのではないでしょうか。

また、エネルギーは成長にも関わります。「寝る子は育つ」と言われるように、子どもは就寝中に成長するといいます。

子どもはそろそろ寝るというときに、手足が非常に熱くなってきます。こうして放熱し、解糖系の分裂の内部環境を作るわけです。

実際、「手が温かくなってきたから、眠くなってきたんでしょう」などと幼稚園でも言葉が交わされます。成長するためには細胞がどんどん分裂する必要があります。そのためには、血流を止めなければならないそうです。血液がドロドロになって細胞に酸素が送れなくなったとき、解糖系が働き細胞が分裂します。解糖系が働くと、成長ホルモンが分泌される仕組みだそうです。

人間の体はうまくできているものだと改めて感心させられました。

●子どもの偏食（2019年11月）

「うちの子はピーマンが嫌いで」とか、「うちはにんじんが苦手で」というようなお話をよく伺います。香りや苦みが敬遠する理由だと思います。実はこのことにも理由があるということがわかりました。

ピーマンには苦みがありますが、この苦みはポリフェノールの一種によるものです。にんじんにもポリフェノールが含まれています。ポリフェノールは抗酸化物質で、健康によい成分であることはよく知られています。ところが子どもにとっては苦手なようです。安保徹先生は次のように説明してくださいます。

子どもがこれら香りや苦みなどの癖のある食材が苦手なことは理由があります。実はミトコンドリア系は解毒作用をつかさどっています。ミトコンドリアが発達していれば、解毒作用が働き、ポリフェノールを肝臓で処理できます。しかし、子どもはミトコンドリアがまだ未熟なため、ポリフェノールを上手に処理できないのです。

だから、幼い子どもがピーマンやにんじんを嫌い、食べないのは我がままだからではありません。本能的な反応なのです。食べても処理できないことが、体には自然にわかるのでしょう。

子どもの偏食への悩みは、お母さん方のストレスの大きな部分を占めていると言われています。根岸宏邦氏が『子どもの食事』という本で述べている次の言葉も、参考になると思います。

3歳を過ぎるころから偏食の率が多くなりますが、これはこのころから自己主張が徐々にはっきりしてきて、自我が発達するとともに、強制や指示があまり多いとかえって反抗してみたくなり、それがある種の食品を食べなくなるものと考えられます。

要は無理に強制するのではなく、保護者や保育者がおいしそうに食べてみせることが最も効果的な偏食対策のようです。家族そろって、楽しくいただく中で、何でも喜んで食べる生活習慣が身についていくことでしょう。

また、子どもに食に対する関心を持たせるために一緒に買い物をしたり、盛り付けの手伝いをさせたりすることも大変効果的と思います。大人になって食べないのは我がままですが、子どもの好き嫌いはそれほど心配する必要はないのです。

●お手伝い（2019年12月）

新元号に変わり半年あまり、はや年の瀬を迎える頃となりました。この1年、各ご家庭でも様々な活動がなされたことと思います。1年の総まとめをする中に、新たな夢も膨らませていらっしゃるご家庭も多いと思います。

年末の大変さの一つが大掃除。大仏様のお顔をぬぐったり、ススを払ったりする様子をテレビで見ると、我が家もきれいにしなければという思いに駆られます。

ところで近年、子どもにお手伝いをさせない家庭が増えているといいます。平成29年2月21日の読売新聞に「子どもも楽しくお手伝い」という記事が載せられていました。この中で子ども向け料理教室を開くインテリア&フードスタイリストの江口恵子さんは、「お手伝いは、子どもが自分で考えて行動することを体験できるよい機会。是非やらせて」と述べています。その上で、「まずは、子どもを楽しませてやる気にさせてください」としています。そして2～3歳の幼児でも楽しめるおもちゃをヒントに作られた野菜の水切り器（クリアサラダスピナー）や、窓ガラスや風呂の壁などを磨く「掃除用品システムスキージー」などを紹介しています。

京セラの「セラミックナイフこども用タイプ」、100円ショップで売っている「深型フリーボウル」「スモール泡立」などは子どもの小さな手でも無理なく扱えるということです。

子どもがけがをしないよう使いやすい道具をそろえ、手伝ってくれたら必ず褒めてあげることがポイントになります。

年末の忙しいときですが、大掃除を計画的に進めていただくことで、子どもも参加させることができるのではないでしょうか。コミュニケーションも広がり、心の中の大掃除につながると思います。「家族の役に立ったという実感が、子どもを成長させてくれるはずです」と江口さんは結んでいます。

異常気象や災害等に悩まされながらも、まもなく令和元年から2年目へのバトンタッチとなります。子どもたちは年末、年始の行事を楽しみにしています。日頃のご支援に感謝しつつ、すがすがしい新年を迎えられますようご祈念いたします。

●新春 見る夢 わく力（2020年1月）

新年明けましておめでとうございます。本年も変わらぬご支援のほどよろしくお願いいたします。

年頭に当たり、伝統的な手遊び歌をご紹介いたします。ご存じの方も多いと思いますので、ご家族で楽しんでみてください。

あたま、かた、ひざ、PON！

あたま、かた、ひざ、PON！
⬇〈「あたま、かた、ひざ」で、両手で頭、肩、膝の順で軽くたたき、「PON！」で、手をポンとたたく〉

ひざPON！、ひざPON！
⬇〈「ひざ」で、両手で膝をたたき、「PON！」で手をポンとたたく〉※これを2回繰り返すあたま、かた、ひざ、ＰＯＮ！　め、みみ、はな、くち……

⬇〈体の部位の名前を言いながら、言ったところを両手で軽く押さえる〉

ちょちちょちあわわ　ちょちちょちあわわ

⬇〈「ちょちちょち」でパチパチと手をたたき、「あわわ」で手を口に当てる〉

かいぐりかいぐり

⬇〈胸の前で両手をグルグル回す〉

とっとのめ

⬇〈人差し指で手のひらをツンツンする〉

おつむてんてん

⬇〈「おつむてんてん」のかけ声に合わせて、両手で頭をポンポンとたたく。

ひざポンポン

⬇〈ひざをポンポンたたく〉

手遊び歌は、歌を聴くことで聴覚が、手遊びすることで視覚と触覚がそれぞれ刺激されることで、脳が活性化されると言われています。（参考「知育ノート」）

かけがえのない子どもの将来を夢見て、子どもも親も園も、ともに成長できる一年でありたいですね。

●おやつ（2020年2月）

認定こども園として戸惑うのは、やはり、3歳未満の子どもの生活です。「子育て支援」として3歳未満の子どもたちをお預かりしていた経験は十分生かされているものの、この子にとって最もふさわしい保育がなされているか、もっと適切な対応はないか等、常に自問し、先生方同士協議を重ねる毎日です。

この期の子どもにとって、おやつは「第4の食事」として大事な役割を担っています。かつてのおやつは、おにぎりや「たらしやき」など手作りのものが多かったと思いますが、いまやおいしいお菓子類が山のように子どもを囲んでいます。市販の甘い菓子やスナック菓子なども、全く禁止というわけにはいきません。糖分や塩分などが多過ぎないものを選び、適切な量を与えることが大切なことと思います。乳幼児の場合、1日にその子どもが必要とするカロリーの5分の1程度が目安とされています。また、回数は通常1日に1~2回が適当と考えられています。

本園では、手作りのものをなるべく多く出すようにしています。お菓子類についてはアレルギーにも十分注意して提供しています。

ところで、どんな食べ物にも旬があります。なるべくなら、おやつにも旬を意識した食べ物を提供できればよいと思います。ご家庭でもおやつを工夫されていると思いますが、市販の菓子類よりも、旬の果物を食べさせることが健康にもつながるといわれています。

斎藤茂太氏監修の『いきいきっ子の健康食事』には次のような記述が見られます。

おやつも市販の菓子類より旬の果物を食べさせましょう。夏のスイカ、秋のブドウ、梨、栗、冬のミカン。春のそらまめ、夏のトウモロコシ、秋のさつまいもなども素朴で栄養に富んだおやつになります。ふだんから子どもにこういうものを食べさせて、旬を身近に感じさせてあげるのはお母さんの役目です。

季節の恵みを食べるということは、体にとってもいちばん自然なことです。今では、お店に行けば季節を問わず様々な食べ物が並んでいます。大変便利だとは思いますが、平素の食事でもおやつでも、旬の最もおいしいときに味わうことこそ、健康作りのもとになると思います。

＊　＊　＊　＊　＊

インフルエンザの流行が心配です。手洗い、咳エチケットを励行し体調の悪いときは無理せず体を休め、早めに医療機関を受診してください。

●変革の流れの中で（2020年3月）

3歳から5歳までのすべての子ども、及び0歳から2歳までの住民税非課税世帯の子どもについての幼稚園、保育所、認定こども園の費用を無償化するという「幼児教育無償化制度」の実施を受け、幼児教育がどのように変化するのか、今でも議論が交わされています。

親の就労の有無にかかわらずということなので、教育費の負担が軽減され、幼稚園に預けやすくなり、すべての子どもに良質な教育を受けるチャンスが広がります。

一方、無償なら長く預かってもらう方が得と考える保護者が多くなるのではないかという懸念も考えられます。本来親とふれあう中ではぐくまれていく親子の情愛が、損なわれることになるのではないかとも思われます。幼稚園の側からすれば、今まで以上に人員が必要となり確保に追われること、事故の心配も増加するのではないかということ、などが危惧されます。無償化の対象となる満3歳児の扱いも、気がかりなところです。

また、保育料に変わり公費が投入されることで、私学の建学の精神が薄められてしまうのではないかと心配する声も聞かれます。

どのような施策でも光と影の部分が存在します。光の部分を有効に活用し、陰の部分のリスクをいかに最小限にとどめるかが常に問われます。

本園では、あくまで子どもを主体に、保護者・地域との連携を密にした運営を心がける所存です。そのためにも、職員の和と保護者・地域の皆様とのコミュニケーションを大切にしていきたいと考えています。

保護者の皆様には、今年度も大変お世話になりました。特に会長を中心とするPTA役員の皆様にはいつも明るく、さわやかな態度で行事等の先頭に立っていただきました。毎年度の役員さんに共通することですが、時間的・経済的負担を乗り越えて汗を流してくださる姿に敬服するばかりです。

認定こども園としてPTAに集う保護者の皆さんも、ますます多様化しています。それぞれの保護者の持つ知識や経験は大きな力となります。子どものため、地域のためにもさらなるご支援を賜りますようお願いいたします。

園舎の壁の吹き替え、屋根の塗装も終わり、新たな環境が整いつつあります。今、大きな変革の流れの中で、令和元年度が終わろうとしています。来年度はさらなる高みを目指し一歩を進めたいと思います。どうぞよろしくお願いいたします。

●静かな緊張感の中で（２０２０年５月）

新年度になって１カ月がたちましたが、今年度は例年と異なり、幼稚園も静かな緊張感に包まれています。

新型コロナウイルス感染症防止対応として、「１号認定者」の休園、「２・３号認定者」の規模を縮小してのお預かりなど、想定外の対応となりました。外出の自粛要請がなされておりましたので、各ご家庭での対応にも苦慮されたことと思います。

新型コロナウイルス感染症防止対応は、保護者同士の間隔を開けた入園式に始まり、書面配布のみによるＰＴＡ総会、また、お誕生会、正課体育、春の遠足の中止など、保育・教育活動にも大きな影を落とすこととなりました。

お誕生会につきましては、今後開催可能になりましたら園児と職員のみで行います。

学校保健安全法に基づく園児の健康診断につきましては、文部科学省からの通知で「新型コロナウイルス感染症の影響により実施体制が整わない等、やむを得ない事由によって当該期日までに健康診断を実施することができない場合には、当該年度末日までの間に、可能な限りすみやかに実施すること」とされています。

園医、園歯科医のご指導をいただきながら、本園としても速やかに実施していく予定です。桜から若葉へ、時を違えず季節は進みます。園庭には例年のように鯉のぼりが泳ぎ始めました。今年は、新しい吹き流しと鯉が3匹仲間に加わり元気に泳いでいます。鯉のぼり協会から寄贈された鯉たちです。

鯉のぼり協会では、今年度県内2幼稚園に寄贈してくださることになり、応募した本園が2園のうちの1園として選ばれたのです。

鯉のぼりには、人生という流れの中で遭遇する難関を鯉のように突破してほしいという願いが込められているということです。青空の下、鯉のぼりたちは今、世界を席巻する新型コロナウイルスに負けないようにと園児を見守ってくれています。

想定外の出来事は、園の新たな対応についても考えさせられることとなりました。休みを余儀なくされたお友達や未就園児への動画発信には、副園長を中心に多くの先生や園児が協力してくださいました。その際生じる著作権の問題にも多くの方からご指導いただきました。消毒を含む衛生面の課題についても改めて見直す機会となりました。必要不可欠な消毒液やマスクの寄贈等もしていただきました。保護者や地域の皆様に温かく見守っていただいていることに感謝申し上げるとともに、大変心強く感じました。

行政の皆様にも、積極的に情報提供・補助金対応をしていただきました。情報提供を受け、理事長先生にご尽力いただいたおかげで、早い段階から全お部屋に空気清浄機を設置することができました。

平素と異なる動きを求められる中、職員の適応力の高さにも驚きました。毎日変動する出席数を確認し給食も適切に提供していただきました。人との接触を減らすための職員のテレワークも初めての試みでした。

時代はどのように変化するかわかりませんが、私たちの使命は変わることはありません。どんな困難があろうとも、教育方針である「みんな　強く　正しく　明るい子」の実現を目指し、これからも職員一丸となって進んで参ります。皆様の変わらぬご支援をよろしくお願いいたします。

●子どもに安心感を（2020年6月）

ごほうびは　おもちゃかうより　だっこして

数年前、文部科学省と日本PTA全国協議会で募集した「親子で話そう！家族のきずな・我が家のルール三行詩」に佳作として紹介された広島県の小学生の作品です。子どもにとって家庭は何よりの安らぎの場です。まして、抱っこされることは、親の愛情を感じて心安まる至福のひとときなのでしょう。

かつては、抱っこすると「抱き癖」がついて、抱っこしないと眠らないようになるなどと言われたこともありました。抱っこに否定的な考え方をされる方も多かったのです。

けれども今日では、スキンシップの効用が言われ、抱っこを積極的にした方がよいという考え方が主流のようです。抱っこして体を密着させることで、乳幼児の精神的、肉体的な成長が促進されると言います。抱っこされることで自分が愛されていると自覚はできないでしょうが、安心感に包まれているということは想像されます。この安心感が心の安定をはぐくんでいきます。

科学的なメカニズムも解明されつつあります。スキンシップを受けている子どもの脳内には、オキシトシンという物質が多量に分泌されるそうです。オキシトシンには体中をリラックスさせる効果があり、「ストレスに強くなる」「体の成長を促す」などの効果があるといいます。

若葉が青葉に変わり、自然も刻一刻と姿を変化させています。新年度がスタートして、2カ月が過ぎました。新型コロナウイルス感染症防止対応のため、例年と大きく異なる年度初めとなりました。1日も早く通常の生活となり、子どもたちが元気に園生活を送れるよう念願しています。保護者面談も延期させていただきますが、ご家庭におかれましても、どうぞ、お子様に細かい観察の目を向け、その子の健全な成長のために本当に必要な手をかけてあげてほしいと思います。

新型コロナウイルスの影響で世の中が不安定になっています。子どもが心から安心して過ごせるような配慮が求められています。ご心配な点に気づきましたら、できるだけ早くご家庭で話し合うとともに、電話でも、来園いただいても結構ですので遠慮なく担任や園にご相談ください。

学年目標（2020年7月）

一人一人の子どもをどう伸ばしていくか、卒園までの成長を考えながら先生方の模索は続きます。法令で定められた『幼保連携型認定こども園教育・保育要領』を基盤に、実際の子どもたちの姿を確認しながら、日々の教育実践に当たります。

週ごとの計画や日々の計画に照らし修正する場合には朱を入れ、よりよい教育・保育を求め、質の向上を図ります。それらの計画は、「みんな、強く、正しく、明るい子」という園の目標を受けた、各学年の年間指導計画としてまとめられています。

本園では、園の目標を具現化するために、それぞれの学年の実際の姿をしっかりと把握し、学年の目標を定め、目標の具現化策を明確にしていきます。

そのための会議は、例年年度始めにもたれますが、今年度は新型コロナウイルス感染症防止対応のため6月まで持ち越されました。学年主任の先生を中心に実際の話し合いは早い段階で行われていましたが、実態把握が行われるまで文章化は待っていただき、落ち着きだしたこの段階で改めて見直していただきました。

以下、年齢ごとに順次ご紹介いたしますので、ご家庭と園との連携の一助にしていただきたいと思います。

【たまご】（0歳児）

目標

落ち着いた雰囲気の中で欲求を満たし、情緒の安定を図りながら、一人一人の豊かな個性をはぐくみ、信頼関係、愛着関係を育てる。

具現化策

〈強く〉

◆保護者から離れて安心してゆったりと過ごせるような環境作りを心がける。

◆伝い歩きや、一人で歩くことが楽しくなり、行動範囲が広がるので、保育室だけでなく他の場所でものびのびと過ごし、遊びを通して体を鍛える。

〈正しく〉

◆基本的生活習慣を身につけること

➡おやつや食事のときには、指定のいすに座って食べるよう声かけし、手洗い時には「手を洗いましょ」の歌を歌い、楽しみながら取り組めるようにする。

➡「おはよう」「さようなら」「いただきます」「ごちそうさま」などの日常生活に必要な言葉を覚えられるよう、保育士が一緒に言葉に出し手本となる。

〈明るい子〉

◆手遊びや絵本などゆったり遊べる環境の中で保育士と楽しさを共有し、喜びを感じられるようにする。スキンシップをとりながら揺らしたり、姿勢を変化させたりする。できる限り笑顔で過ごせるよう、一人一人の表情、毎朝の視診を大事にする。

【ひよこ】（1歳児）、【ことり】（2歳児）については、次号でご紹介いたします。

●しつけ（2020年10月）

運動会の練習を見ていると、子どもたちが実に整然と動いています。例年のことながら、幼い子どもなのによくしつけられているなと感じます。

しかしながら、このようなしつけは一朝にしてなるものではありません。しかも、これが絶対という方法もなかなか見つけることができません。

体罰がよくないことは承知しています。「体罰を受けた子は攻撃性が強まる」と言われています。けれども、それではしつけをどのようにしていくか途方に暮れていらっしゃる保護者もおいでのことと思います。

子どもの支援に取り組む「セーブ・ザ・チルドレン」が児童臨床心理学者と共同開発した保護者向けプログラムが、平成30年4月3日付の埼玉新聞に掲載されていましたのでご紹介いたします。「ポジティブ・ディシプリン（前向きなしつけ）」と名付けられたプログラムでは、しつけを「教えること」と考え、子どもを「学習者」として尊重します。そして、「たたく、怒鳴るなどの場当たり的な対応は教えることにならない」と言います。同プログラムには4つの原則があります。

①長期的な目標を決める
②温かさを与え枠組みを示す
③子どもの感じ方・考え方を理解する
④課題を解決する

この「たたかず怒鳴らない子育て」を推進する森郁子さんは、次のような具体例を示されています。

「子どもに名前をつけたとき、どんな人になってほしいと考えましたか」
①長期的な目標、②子どもが安心して物事に取り組めるように必要な情報を渡す
⬇①②がそろうと学習が進む
③子どもが今どんな気持ちか、何が必要かと寄り添う
⬇①②③がそろうと課題の解決につながる

大人が対応を変えていくことで、たたかなくてもすむようなしつけが可能です。ほうしょう幼稚園の「おひさまクラブ」や「子育て相談」を利用して、子育て仲間と一緒に考えていくことで、独りよがりのしつけ教育から開放されます。

子どもの視点を大切にと訴えるのは「CAPセンター・JAPAN」です。おもちゃで部屋

を散らかしていたら、「楽しかったね」とまず子どもの気持ちに共感します。続いて「片付けてすっきりしよう」と誘います。気分転換できるようサポートすることが大切だと言います。

毎日の生活の中では、厳しく叱らなければならないこともあります。ここぞと言うときには厳しく叱ります。そのようなときには、「わかったら、あとであやまりにおいで」と叱った本人が言うか、他の人が言い聞かせてあやまらせるとよいでしょう。あやまりに来たときの保護者の対応には3つのタイプがあります。

Ⓐ「私も悪かった」とあやまってしまうもの
Ⓑ「ほんとうにわかったの」と、また叱り始めてしまうもの
Ⓒ「わかった。いいよ」とさっぱり忘れるもの

Cのタイプが良いのです。

子どものしつけについての考え方や方法は様々ですが、焦らずゆとりを持って対応することが大切です。

●幸福感がもたらす効果（２０２０年11月）

あるビジネス経営研究会から次のようなデータ資料をいただきました。それぞれの習慣が寿命に与える影響年数を示したものです。

1日20本以上のたばこを吸っている……マイナス３年
定期的に運動をしている…………プラス３年
お酒はたしなむ程度にしている…………プラス２年
お酒の飲み過ぎ…………マイナス７年
自分は幸せだと感じている…………プラス９・４年

保護者の皆様にとって迷惑なことと判断される方もいらっしゃるかも知れません。あくまで、一つのデータに過ぎませんのでご容赦ください。

このデータは、イリノイ大学心理学名誉教授のエド・ディーナー博士が、人間及び動物を対象とした１６０本もの調査研究の分析から導き出したものだそうです。ここから、人間の健康と寿命は、日々どのような気分で過ごすかで決定されるということがわかります。

幸福感や満足感に包まれて生活していると、病気になるリスクも下がり、長生きできるということでしょうか。

しかし、不満や愚痴ばかり言って、心にストレスや不安感を感じていると、病気にかかる確率も高まり、短命になる可能性が高いということでしょう。

幸福感や満足感を高めるためにはメンタルヘルスが大切です。厚生労働省は「メンタルヘルスへのとびら」というサイトで、ストレスやメンタルヘルスについて様々な情報を発信しています。ここではストレスについて次のように解説しています。

そもそもストレスとは、外部から刺激を受けたときに生じる緊張状態のことです。外部からの刺激には、天候や騒音などの環境的要因、病気や睡眠不足などの身体的要因、不安や悩みなど心理的な要因、そして人間関係がうまくいかない、仕事が忙しいなどの社会的要因があります。つまり、日常の中で起こる様々な変化＝刺激が、ストレスの原因になるのです。進学や就職、結婚、出産といった喜ばしい出来事も変化＝刺激ですから、実はストレスの原因になりま す。ストレスが続くと、多くの場合それと気づくサインが表れるものです。いらいらする、眠れないなど自分特有のストレスサインを知って、気づいたときには早めのセルフケアをすることが大切です。

子育てにもストレスはつきもの。でもそれ以上にやりがいや喜びを感じることができ、幸福感に直結しています。ストレスを上手に回避して、周りの大人が幸福感や満足感をもって生活することで、子どもの幸福感や満足感も自ずと高まっていくことと思います。

●PTA（2020年12月）

歳末を控え、心なしかせわしさを感じる頃となりました。1年の早さを実感すると同時に、その成果に思いをはせ内心忸怩たるものがあるのも事実です。

保護者・地域の皆様にはいつも温かくご支援賜り、感謝の気持ちでいっぱいです。特に会長を中心とするPTA役員の皆様には、園の行事のたびに率先してご尽力していただき、園運営の円滑化に大きく貢献していただいています。

「PTA」とは保護者と教職員で構成する任意団体のことです。子どもたちのためのボランティア団体といってもよいと思います。任意団体だけにいろいろな課題もあるようですが、おかげさまで本園としては、会長を中心に強い結束を示していただいております。運動会やお遊戯会など、大きな行事には大勢の人手が必要で、例年役員の皆様には大きな役割を担っていただいています。大変なことですが、大変とみることなく、楽しいと感じてくださる声の多さにいつも敬服しています

この8月の奉仕作業について教職員のみで実施とご連絡したところ、すぐに、PTA役員も何かお手伝いしたいのですがとの申し出をいただきました。本当にありがたく、熱心で積極的な姿勢に心強く感じました。8月のお楽しみ会が中止となった後、先生方の子どもたちへの熱

い思いで実施された「ほうしょうまつり２０２０」を陰で支えてくださったのもＰＴＡ役員の皆様でした。

　そうしたＰＴＡの母体となる保護者の皆様のお力にも感謝の毎日です。新型コロナウイルス感染症防止対応から健康に関しては特に敏感になりましたが、連絡を受けるとお迎え等すぐに対応していただく家庭が多くなりました。

　また、食事にも細かいご配慮をしてくださっている様子が伝わって参ります。子どもたちをやさしく包み込み、健全な育成をと願う気持ちがひしひしと伝わってきます。家庭あっての子どもたちです。

　　白銀もくがねも玉もなにせむに
　　まされる宝子にしかめもや

　今年も１年間、ほうしょう幼稚園に温かいご支援をいただき、ありがとうございました。どうぞ、良い年をお迎えください。

●子どもの幸せを一番に（2021年3月）

新型コロナウイルス感染症防止対応に追われ、不安な毎日の2020（令和2）年度でした。子どもたちが楽しみにしている行事の多くが中止や変更を余儀なくされ、例年と大きく異なる態様を取らざるを得ませんでした。

その中でも先生方は常に子どもの幸せを一番に考え、成長につながる策を考え続けてくださいました。

年長組の大きな行事である「おとまり会」も感染症拡大とともに、実施は難しいのではないかという声が各方面から聞こえてきました。子どもたちが楽しみにしている行事の一つですので、中止の一言で片付けてしまうのも躊躇されました。担任の先生方も、子どもたちの思い出作りのためになんとかできないものかと相当悩んでいました。しかし、毎日報道される感染者数は増加の一途をたどっています。

そんな折、日帰りの実施で子どもたちに思い出を作ってあげられないか、という風に意見が集約されてきました。そうなると具体化策は先生方のお手の物。「流しそうめん」は無理だね、キャンプファイアーは外だから大丈夫だね、という風に「できること」と「できないこと」を選別し、花火も、かき氷も、となったところで、何かインパクトに欠けるということになりました。最終的に、例年行っている川遊びに、魚のつかみ取りを加えたらということで新たな目玉が決まり、その後「プラネタリウムも可能では」と話が発展してきました。

公開の中止が続き、ようやく再開したばかりの「名栗元気プラザ」では、幼稚園児向きのプラネタリウムを用意していただき、本園をよく知っている先生が園児にわかりやすく説明してくださいました。

川遊びでは、運転手さんが用意してくれた魚の遊び場にニジマスを放流し、交代でつかみ取り。そして「国際ます釣り場」のご協力で、捕まえたニジマスを試食するという体験もすることができました。予想外の肝試しにドキドキ、ワクワク。みんなで食べるおいしいカレー。満足した表情で帰路についた子どもたちでした。既存のあり方を大切にしながら、状況に応じて柔軟に対応する先生方のしなやかさに拍手を送るとともに、こうした先生方に大切にされている子どもたちはなんと幸せなことかと実感いたしました。

混乱と迷走の中で令和2年度が終わろうとしています。教育界もかつて体験したことのない新たな対応を迫られ続けてきました。そんな中、本園にとっては、実践でも、研修でも教職員が躍動し、輝き続けた「黄金の日々」であったと思います。苦難を避けることなく乗り越えて、さらに新たな地平を切り開く、そうした姿勢を今後も持ち続けたいと思います。

保護者、地域の皆様の1年間のご支援に感謝申し上げ、今後ともご指導・ご鞭撻を賜りますようお願いいたします。

●蜂蜜（2021年5月）

園児が「ハチがいる」と職員室に駆け込んできました。見るとミツバチです。「蜂蜜を作ってくれるハチだよ。大事にしようね」と話し、飛び行く先を見送りました。

蜂蜜はとても栄養価の高い食品です。薬用に用いられることもあります。ところが、市販の蜂蜜のラベルには「1歳未満の乳児には与えないでください」という注意書きが見られます。これはなぜでしょうか。

そういえば数年前、東京都で生後6カ月の男児が亡くなったということがありました。栄養を補うため、1日に2回ほど蜂蜜をジュースに混ぜて与えていたということでした。2月中旬に咳などの症状が現れ、病院で治療を受けていましたが、3月下旬に死亡しました。

男児の便や自宅の蜂蜜からボツリヌス菌が検出され、「乳児ボツリヌス症」と断定されました。「乳児ボツリヌス症」の発症が初めて確認されたのは1986年で、当時の厚生省は1987年、1歳未満の乳児へ蜂蜜を与えないよう指導するよう、都道府県などに通知しました。このケースでは、蜂蜜の容器に注意書きがあったものの、死亡事故につながってしまいました。

根岸宏邦著『子どもの食事』（中公新書）によれば、乳児ボツリヌス症は、主として1歳未満の乳児がかかり、まず、今まで元気だった赤ちゃんが便秘をするようになり、次第に哺乳力が低下し、泣き声も弱くなり、口の中に唾液がたまるようになり、全身の筋肉の緊張が低下し、重症の場合は呼吸をするための筋肉が麻痺をしてしまうとのことです。

ではなぜこのような乳児ボツリヌス症が1歳未満の乳児にのみ生じるのでしょうか。同書の教えるところでは次のようになります。

ボツリヌス菌は環境がその菌の生存にとって都合が悪くなると、芽胞を作って生き延びていきます。その状態では毒素を産生しませんがボツリヌス菌の芽胞は熱にも低温にも強く、菌にとってかなりの悪条件の中でも生き延びていきます。そして市販されている蜂蜜の製品の15~20%にこのボツリヌス菌の芽胞が含まれていることがわかりました。芽胞には毒素は含まれていませんので、いわゆるボツリヌス中毒症のような激烈な症状を呈することはありません。しかしこの芽胞を含んだ蜂蜜をお湯に溶かして赤ちゃんが飲むと、腸の中で発芽し増殖をします。このときに毒素を産生し、その毒素がいろいろな症状を引き起こすものと考えられています。

乳児は消化や吸収の能力が未発達なため、蜂蜜の他にも、離乳食に用いる食材には注意が必要だとして、平成29年4月13日付の読売新聞は、厚生労働省の「授乳・離乳の支援ガイド」を紹介し、次のような注意点をあげています。

- 離乳食の開始時は、食物アレルギーを起こす恐れのある食品は避ける。小麦、そば、イカ、エビなど。
- 卵は最初、固ゆでした卵黄だけを使い、進み具合で全卵へ移行する。
- 魚は白身から始め、赤身魚、青魚と移行する。
- 塩や砂糖など調味料は使いすぎない。

離乳食をはじめ乳幼児の食事には気を遣いますが、危険なものを除去しつつ、体重がその子なりに増加しているかどうかを一つの目安として、楽しい食事への導入としたいものです。

●桜桃忌（2021年6月）

子供より親が大事、と思ひたい。子供のために、などと古風な道學者みたいな事を殊勝らしく考へてみても、何、子供よりも、その親のはうが弱いのだ。少なくとも、私の家庭に於いては、さうである。まさか、自分が老人になつてから、子供に助けられ、世話にならうなどといふ圖々しい蟲のよい下心は、まつたく持ち合わせてはゐないけれども、この親は、その家庭に於いて、常に子供たちのご機嫌ばかり伺ってゐる。子供、といっても、私のところの子供たちは、皆まだひどく幼い。長女は七歳、長男は四歳、次女は一歳である。それでも、既にそれぞれ、両親を壓倒し掛けてゐる。父と母は、さながら子供たちの下男下女の趣を呈してゐるのである。

歴史的仮名遣い、旧字体とだいぶ古めかしく感じますが、書かれている内容には頷ける部分や共感できる部分もあるのではないでしょうか。昭和23年といいますから、既に70年も前に書かれた小説の冒頭部分です。時代を経ても家族の有り様はそれほど変わらないという思いがいたします。

子どもより親が大事という考え方はどうでしょうか。建前はともかく、現代社会の一面をもとらえているような気がします。

この小説の最後の部分は次のようになっています。

子供より、親が大事、と思いたい。子供よりも、その親のはうが弱いのだ。

櫻桃が出た。

私の家では、子供たちに、ぜいたくなものを食べさせない。子供たちは、櫻桃など、見たことも無いかも知れない。食べさせたら、よろこぶだらう。父が持って歸つたら、よろこぶだらう。蔓を糸でつないで、首にかけると、櫻桃は、珊瑚の首飾りのやうに見えるだらう。

しかし、父は、大皿に盛られた櫻桃を、極めてまづさうに食べては種を吐き、食べては種を吐き、食べては種を吐き、さうして心の中で虚勢みたいに呟く言葉は、子供よりも親が大事。

この小説の題名にちなみ、その人、太宰治を追悼する日を「桜桃忌《おうとうき》」と呼んでいます。来る6月19日の桜桃忌には、私もサクランボを味わいたいと思っています。

●仕上げ磨き（２０２１年７月）

本園では毎年６月に歯の検査を行います。歯科医の並木先生に入念にチェックしていただきます。

20本の乳歯が親知らずを除く永久歯28本に生え替わるのは、おおむね６歳から12歳にかけてといわれます。小児歯科専門医の有田憲司大阪歯科大名誉教授は、「小学校に入学する前後に歯科を受診して口元のエックス線検査を受け、永久歯の発育状況を確認してほしい」と話されています。（読売新聞２０１７年２月17日付）

実は、乳歯だけ生えているように見えても、あごの中で「歯胚《しはい》」と呼ばれる永久歯の〝芽〟が育っているのだそうです。年長さんは今検査を受けておくことで、自然な歯並びの育成や歯の治療につなげられるということです。

歯の検査を受けた後、受診を要する場合本園では治療勧告書をお出ししています。治療勧告書を受けた場合は、なるべく早めに、特に年長さんは小学校入学前に治療を済ませるようにしてください。

永久歯は成熟した永久歯になるまでに3年程度かかるそうです。それまでは大人が仕上げ磨きをすることが大切です。仕上げ磨きについては、本園でも並木先生からご指導いただき、健診時にも仕上げ磨きをしているかどうかアンケート調査をしていますがほとんどの家庭でしっかり取り組んでいただいています。有田先生は「膝の上に子どもの頭を乗せ、仰向けに寝かせる。歯ブラシを鉛筆のように持ち、『シャッシャッ』と音がなる程度の、軽い力で磨くといいでしょう」とお話しなさっています。

奥歯は生えたことに気づかないこともあるそうです。歯ブラシが届きにくい部分でもありますので意識して磨くようにしてみてください。下の奥歯が抜けると、奥歯も生え始める時期だそうです。気をつけてみてください。

今年の健診後園医の先生は、1歳児についても仕上げ磨きが必要だとされ、ガーゼを指に巻き付けて行ったり、柔らかい歯ブラシで静かに行うと良いとご指導くださいました。また、毛先が開いたり、毛の腰がなくなったりしたら歯ブラシを交換してください。歯磨きの効果や衛生面を考えて1カ月が交換の目安です。

フッ素入りの歯磨き粉を使用した際は、口を水ですすぎ過ぎるとフッ素の効果が薄れてしまうので、すすぎは10～15ミリリットルの水で1回すすげば十分とのことです。次に読売新聞の取材記者がまとめたポイントを紹介します。

生え替わり期の歯の手入れのポイント

- **仕上げ磨きはリビングなど明るい場所で。磨いている間は呼吸しづらいので何度か短い休憩を挟む。**

- 間食が多いと虫歯になりやすい。回数を決め、だらだらと食べさせない。
- 歯間の歯垢はデンタルフロスを使って取る。特に乳歯の奥歯の間に注意。
- 乳歯の虫歯は放置しない。きちんと治療し、歯磨き習慣をつける。

●夏四題（２０２１年９月）

この夏も保育園児に関わる信じられない事件が発生しました。福岡県にある保育園での園児熱中症死亡事件です。7月29日朝、園長ひとりが運行するバスに乗車した園児が、バス内に取り残されたまま熱中症で死亡したという報道でした。なんとも痛ましく、ただただご冥福を祈るばかりです。本園でもバスによる送迎を行っていますので、こうした事件が起こらないよう十分気をつけて参ります。

この夏のもう一つの大きな話題は、賛否両論の中で開催されたオリンピックです。金メダリストの中にも身近な人がいて大変親しみを感じました。ソフトボールの吾妻悠香捕手は川口市出身、森さやか選手は毛呂山町出身、柔道女子70キロ級の新井選手は寄居町の出身ということでした。森さんが出た毛呂山町の川角中学校は私の最初の赴任校でした。この選手たちの幼稚園時代はどんな様子だったのか、どんな環境の中ではぐくまれてきたのかとても気になるところです。

さいたま市出身で陸上男子走り幅跳び代表の橋岡優輝選手は、叔父がシドニー五輪走り幅跳び代表、父が日本選手権で7回優勝した棒高跳びの元日本記録保持者、母は100メートル障害と三段跳びの元日本記録保持者。輝く家系に恵まれたサラブレッドと言えるでしょう。7月

31日付の埼玉新聞には、「夢舞台へ　支えた両親」として子育ての一端が紹介されていました。「家庭で陸上の話は一切しなかった。少しは勉強しなさい」と言うぐらいで、伸び伸び育てたといいます。小学生のときに1カ月ほど入院したことがあり、スポーツに熱を入れるのは不安だったとも。中学の部活で陸上を選んだときは、「楽しくやってくれれば」と思ったといいますが、八王子高の朝練が午前7時開始のため、さいたま市内の自宅から通うのは難しいと、両親の勤務先も考慮して都内に引っ越したというのは、どこの家でもできることではありません。

母親は、「私たちは競技に口出しは一切しないが、環境だけは整えたいという思いで、引っ越しに迷いはなかった」と言いますが、我が子の将来に期待するところは相当に強かったと思えます。孟母三遷の教えを思い起こす出来事でした。

この夏、気がかりだったことは1、2歳児クラスで発熱、咳、鼻水などの症状が蔓延し、欠席者が相次いだことです。感染防止策を講じても、ちょっと油断するとあっという間に広がってしまうということを痛感いたしました。

2学期は新型コロナウイルス感染症、インフルエンザなどの流行が予測されています。ご家庭のご協力をいただきながら、風邪症状が見られたら登園しないことを徹底していく必要があります。いったんウイルスが入ったら手の打ちようがなくなることを、皆さんで共有しましょう。

●拾い読み（2021年10月）

緊急事態宣言は解除されるようですが、引き続き感染症対策に万全を期していきましょう。

電車の中で、3歳くらいの女の子が父親に抱かれながら、
ヨリカニ　ヨリシク　ヨリラシクと、
広告文を繰り返し読んで楽しんでいるのを見かけたことがある。
これは「ニットを習う」というある学園の広告文の一部で、本文は「より豊かに　より楽しく　より自分らしく」なのである。この子はそのひらがなだけを読んだのである。

これは国立国語研究所の村石昭三先生が、『月刊国語教育研究』誌の「幼児教育からの言語の教育」という連載の中で紹介されたエピソードです。読めるようになったひらがなを拾い読みしているのは、ほほえましい情景です。子どもは「ぱぱ」「まま」「わんわん」など身近な人や動物、ものなどと合わせながら言葉を習得していきます。漢字仮名交じりの文でひらがなだけ拾っても意味は通じないでしょう。この女の子は読めるという楽しさから拾い読みしているものと思われます。

さらに村石先生は、一見意味のない文の読みでも、ヨリカニから始まる文のリズムが快さを伴って、繰り返して読む表現の楽しみを誘うのだろうと考察されています。

この後エピソードは次のように続きます。

父親も子どもに合わせて笑いながら読んだ。子どもが漢字抜きで読んでいることは知ったはずなのに、わざわざ「より豊かに……」と読みを訂正しないところがいい。無理に漢字は教えずに、リズムに乗った表現で、イメージの世界に遊ばせようとしたところがいい。

ある年、本園の年少担任の先生が指導記録に次のように書かれていました。

絵本を読む際、「桃太郎」を読んだのだが、字が読めないながらも自分でストーリーをつくり読んでいるのに感心した。

何度か聞いた話を覚えていて、自分で物語を紡いでいく子どもの姿には学びの広がりを感じます。子どもを寝かしつけながら本を読んであげているご家庭も多いと思います。途中で読むのを中断し、その先のストーリーを想像させるのも、子どもの言語力を高める一つの方法です。

子どもと言語の関わりに着目しつつ、子育てを楽しんでいきましょう。

金魚（2021年11月）

玄関を入った先のフロアーで、園児が必ず立ち止まる場所があります。園児の視線の先には、金魚が元気に泳いでいます。赤い金魚、白い金魚、赤と白の混じった金魚。色鮮やかな金魚の舞に、園児や教職員、来客者が時には癒やされ、時には元気づけられています。3年ほど前、理事長さんが子どもたちのためにと買ってきてくださり、以来エサをあげたり、水槽の掃除をしたり細々とした世話をしてくださっています。

ところで、金魚は水槽の大きさによって成長の度合いが変化するということを、『世界通信教育情報埼玉版』で学びました。

例えば小さな水槽で5匹飼っていたとする。すると、この5匹が快適に過ごせる広さというものがあって、その範囲を超えてしまうと成長が止まってしまうという。仮に、1匹の金魚が死んだと仮定しよう。すると水槽の金魚は4匹となるので、その余裕の分だけ金魚は少しずつ成長していくということになる。1匹減った分だけエサの取り分が多くなるからと考えてもみたが、そんな単純な考えは通用しないようだ。と言うのは、金魚は水槽を大きくすると、急激に大きくなるからである。

この話、人間にも当てはまるのではないかと思えてなりません。もちろんこの場合の水槽は、住んでいる家の大小ということではなく、人としての置かれている立場のこと。生き方、考え方をブレずに持ち続けることは大切ですが、時には視点を変えて見るのも人を大きく育てるきっかけになるかも知れません。

教諭として出発した私も、あるとき命を受け管理的視点に立つことになりました。ややそれにも慣れてきたかなと思う頃、行政からの視点で教育を見直すという命を受けました。期待に応える仕事は何一つできなかったのですが、その都度都度、視野を広げていただいたという思いでいっぱいです。水槽を換えていただいたことで、新たな世界が開けたということになると思います。

子どもにとって幼稚園への入園は、水槽が換わったに等しい変化だったに違いありません。初めのうちは元の水槽が忘れられず泣いていることもありますが、慣れてくるにつれ、自信に満ちた行動を取っていることに気づかされます。本園の保育・教育内容が、新しい水槽として、園児一人一人の視野を広げ、大きな成長につながることを願い、教職員一同日々精進の毎日です。

●心の安定を（2021年12月）

この年はこのことをしたというものを何かしら残していこうと決意して1年のスタートを切ったものの、たいした成果を上げられぬまま、今年もいつものように12月を迎えました。けれども、変化の激しい不安定な世の中で、無事健康で年末を迎えられたことは、それだけで幸せなことだと考えてもいます。

小児科医の髙橋孝雄先生はその著『最高の子育て』で、子どもが健やかに育つために欠かせないことの筆頭を次のように述べています。

ケアギバー（育児を担当する人）が心もからだも健康であることです。子どもを支える人が病んでしまったら、子どもはたちまち拠り所を失ってしまいます。ときには病気になってしまうことだってあります。

保護者の皆様は当然のこと、私たちが関わる子育ては体力を必要とします。子どもを育て守っていくためには、自らの体調などかまっている暇はありません。食べ物、排泄、衣類の調節、健康管理と四六時中子ども中心の生活となり、それは待ったなしだからです。

同時にケアギバーにとって大切なことは、心の安定を保つことです。イライラしたり感情的になったりすると、体罰など思いもかけない行動を取ってしまうこともあります。特に今大きな問題とされているのが、「産後うつ」の問題です。「産後うつ」は一般のうつの5倍以上に増加をしているという結果が出ています。日本の母親の7割が子育てで孤立を感じ、孤独感や不安を感じているという調査結果もあります。「子育てがうまくいかないのは、自分の力がないから」と思い込んでしまうというのです。

髙橋先生は、「子どもを産んだばかりのおかあさんの心やからだをケアするのは、保健師さんだったり参加のスタッフだったり、ご家族だったり。もしよろしければ、僕たち小児科医にも相談していただいていいのです」と紹介し、「追い詰められた気持ちを誰かにさらけだすだけで、すーっと心が軽くなるかも知れませんよ」と結んでいます。

もちろん相談相手には、ほうしょう幼稚園のスタッフも加えていただきたいと思います。

今年も1年間ほうしょう幼稚園に温かいご支援をいただき、ありがとうございました。どうぞ、良い年をお迎えください。

●園目標の具現化（２０２２年５月）

園庭では5月の風に乗って、鯉のぼりが元気に泳いでいます。新年度になって1カ月がたちました。お子様のご家庭での様子はいかがでしょうか。

さて、ほうしょう幼稚園のスローガン「みんな、強く、正しく、明るい子」の育成を目指し、先生方がそれぞれの学年での具体像を話し合いました。発達段階に応じて目標とすべき具体像を明確にすることで、一人一人に寄り添う保育を実践することができます。それぞれの学年では園目標を次のようにとらえています。

強くとは

年少……苦手なことにも諦めずに挑戦する子

年中……チャレンジする。うまくいかなくても、またやろうと思える子

年長……心身ともに健康で丈夫な体を作る

正しくとは

年少……良い悪いの判断ができる子

年中……失敗してしまったら素直に認められる
年長……良いこと、悪いことの判断が自分でできるようになる

明るいとは

年少……元気よく進んで挨拶できる子
年中……進んであいさつ、返事をする
年長……自ら進んであいさつをする

さらに、「これらの中で、今年度、今の子どもに必要なことは何か」、「今年度これだけは全員できるようにしたいことは何か」、「そのために学期ごとに具体的に取り組むこと」と話し合いを広げていきました。

年少は「先生や友達に自ら言葉で気持ちを伝えられるようになる」、年中は「自分から元気に挨拶、相手の話に対しての返事、困ったことを自分から伝えられるようになる」、年長は「食事は好き嫌いせず、よく噛んで食べ、遊びは元気に体を動かす」、「人の話を最後までしっかり聞き考える」、「自分から挨拶できるようにする」ことを目指します。

先生方は一人一人の園児をよく把握して、いつも適切に対応してくださっています。今年度も学年に応じた目標を設定し、一人一人がしっかりと身につけられるよう話し合いを深めています。目標を具体化し、定着を目指すことは、子どもの情緒も安定し、将来的に知的能力を高

め、社会性を伸ばすことにもつながります。

ご家庭でのしつけにおいても、是非本園の3つの目標にご留意いただきますようお願いいたします。ほうしょう幼稚園では、緑の風の中、園児一人一人を最高に伸ばすための取り組みが始まりました。先生方はいつも子どもの味方です。園児と一緒に喜んだり、悲しんだり全力で保育に当たっています。どうぞ先生方へのご声援もよろしくお願いいたします。

●愛情が第一（2022年6月）

子育ての基本は、子どもへの愛情につきると思います。妊娠の兆候が現れ病院に行くと、超音波による診断で胎内の状況がわかるというのですから驚きです。病院によっては写真をいただけるようです。胎児の発達が記録として残せますし、赤ちゃんの様子を目で確認できます。

胎児は胎内でよく動き、母親の感情にしっかり反応していることもわかってきました。母親がストレスを抱え、悩んでいると、胎児も小さくちぢみ込み、母親が喜ぶと胎児も活発に動くということもよく知られているところです。命がおなかに宿ったときから母親との強い絆が結ばれているのです。

そして、生まれてくるとわずかの間に、母親の声を理解し、母乳のにおいもわかるようになると言われます。不思議なことに女性が声をかけると、男性が声をかけたときよりも強い反応が見られるという実験結果もあります。「母は強し」を実感いたします。

生後2日目の赤ちゃんでも、母親の声に最も反応するということです。接触が多いためか、生まれたときから母親との特別な関係ができています。それだけに、この時期、赤ちゃんには母親に愛されているという安心感を与えることがきわめて大切です。

安心感を与える大きな要因は、直接肌でふれあうことです。未熟児として生まれた子どもは、しばらくの間保育器の中で育てられますが、保育器の中の赤ちゃんと母親は、指でふれあうように指導されるそうです。

昭和の前半は、「抱き癖がつくと大変なので、子どもが泣いてもすぐに抱っこしない」という考え方が主流でした。その後は赤ちゃんに与える安心感を重視して、「泣けばすぐ抱き、ふれあいを大切にする」という育児法が中心となってきました。

ほうしょう幼稚園の保護者の皆様とお話ししてみると、子どもへの愛情が満ち満ちていることを強く感じます。子どもへの語りかけも慈愛あふれるもので、職員室で聞いていてもほほえましくなります。

本園の職員も、保護者の皆様以上の愛情を子ども一人一人に注いでいこうとしています。家庭での生活時間よりも、本園での生活時間の方が長いという子どもも増えています。本園の責任の重さを痛感しています。

●お母さん、自信をもって（2022年7月）

子育ては楽しいことですが、毎日のことでもあり大変なことが多いのも事実です。特に初めての子育てでは不安なことも多く、迷いの連続ではないでしょうか。ママだけでなくパパも、不安や孤独に陥ることがあるそうです。乳幼児を育てる保護者の30％にうつ症状が見られるとのデータもあります（２０２０年国立成育医療研究センター調べ）。

ミルクの量は？　泣き止まないのはどこか痛いのでは？　など、赤ちゃんへの心配はつきません。初めての子育てはわからないことだらけ。寝不足、疲労などで、周りから励まされてもネガティブに感じてしまいます。専門家によれば母乳の分泌は赤ちゃんとのやりとりの中で順調になるので、安定するまで数カ月かかることもあるとのことです。コロナ禍、孤独の中で妊娠・出産を乗り越えたお母さん方には、是非自信をもっていただきたいと思います。

２０２１年４月17日に放送されたＮＨＫ「すくすく子育て」では、「あなたはどうした？　メンタルクライシス」と題して多くの声が紹介されました。その一部を紹介し、参考に供したいと思います。

◇Twitter（現、X）で、同じくらい大変な思いをしているママもたくさんいて、一人じゃないと思え

た。YouTubeで息抜きもした。年配世代には信じがたい子育ての息抜きかも知れませんね。（子ども2カ月のママ）

◇子どもをかわいいと思えないのは人間としてだめだと思ってチャット相談をやってみた。虐待防止のサービスだったが、非対面で、匿名で相談できたのは良かったし、状況を整理してもらえて産後初めて泣くことができた。（4歳&0歳のママ）

◇保健師さんに泣きながら電話をしました。話を聞いてくれるだけで気持ちが楽に。家事の外注ができればいいのですが、とりあえず宅配のミールキットで乗り切っています。（3歳&1歳4カ月のママ）

＊子育てに困ったときの主な相談先

- 保健センター
- 子育て世代包括支援センター
- 産科・小児科など、かかりつけクリニック
- 助産院
- 助産会の無料電話相談
- ほうしょう幼稚園

未来からの留学生である子どもを、一緒に育てましょう。

●あいさつ（2022年9月）

夏休みが終わりました。休み中は、子どもと十分なふれあいの時間をもっていただいたことと思います。この夏も、親の虐待によって悲しい思いをする子どもの姿が報道されました。ほうしょう幼稚園保護者の皆様は、世の中のそうした動きとは無縁で、愛情ある子育てをしていただいていると信じています。しかし、核家族化のため、子育ての悩みを相談する相手がいないという話を聞くこともあります。2学期のスタートにあたり、しつけについて考えてみるのも意義あることと思います。

朝登園時、あちらこちらから「おはようございます」という元気な声が聞こえてきます。おそらく各ご家庭でも子どもが目覚めたとき、同様なあいさつが交わされていることでしょう。「おはよう」だけでなく、「こんにちは」「さようなら」「おやすみなさい」など、決まった形での言葉を子どもたちは生活の中で身につけていきます。

これらの言葉は時間的けじめとして使われていますが、それだけではなく、お互いのコミュニケーション手段として、またお互いをいたわりあう心の伝達として大切な役割を担っています。

子どもが言葉であいさつができるようになるのは、2歳頃といわれています。当然まだ意味は理解できていません。周囲の人のまねをして、あるいは繰り返し呼びかけられる言葉を同じように繰り返すことで周囲から受ける賞賛が動機付けとなり、自然に身につけていくようになります。

そのため、園生活の中での言葉のしつけの第一歩としても、このあいさつをきちんとできるように心がけていく必要があります。

園では、登園してくる一人一人の子どもに、教職員の誰もが「○○ちゃん、おはよう」と声をかけています。それに応えて子どもたちも「おはよう」とあいさつをしています。一緒に来られた保護者や祖父母の方の中には、「おはようございます、でしょ」と軽くたしなめる方もいらっしゃいます。しばらくすると、先にあいさつできる子どもも出てきます。しかし、なかなか「おはよう」や「おはようございます」の言葉が出ない子どももいます。性格による場合もありますし、環境による場合もあるかも知れません。年齢差によるものと言えないのも不思議なことです。

あいさつを交わすことの気持ちよさを体感させるとともに、あいさつの大切さについて繰り返し指導していくことが必要です。

●バス管理運行規定（2022年10月）

報道等でご承知のことと思いますが、このたび静岡県牧之原市において、認定こども園の送迎バスに置き去りにされた子どもが亡くなるという大変痛ましい事案が発生しました。2021年（令和3年）7月に福岡県中間市において同様の事案が発生し、安全管理の再度見直しをどの園でも行っていたと思うのですが、誠に残念でたまりません。

その後の調査で、大きな事故にはつながりませんでしたが、さいたま市でも同様な事案が報告されました。本園でもバス3台による送迎を行っていますので、とても人事とは思えません。今まで以上に安全管理の徹底を図って参ります。本園のバス管理運行規程について抜粋してご紹介いたします。

通園バス管理運営規程

【利用者】

第2条：入園している園児及び一時保育を利用している園児のうち3歳児以上の園児（但し特別な場合3歳児以上の兄姉のいる2歳児を含める）を対象とする。

【配置】

第３条：本園にバス３台を配置する。

【運行範囲】

第４条：バスの運行範囲は横瀬町及び秩父市内一円とする。但し、運行経路等の詳細については別に定める。

２：園外保育のバスの運行範囲については事業ごとに定める。

〈利用料〉

第５条：バスの利用料は、１園児あたり月額２５００円とする。

【バスの利用】

第６条：保護者は、バスの利用を始めるにあたり、利用申込書を提出しなければならない。

２：降園時におけるバスからの園児引受けは、保護者が行なうことを原則とし、保護者以外の者が行なう場合は、事前に本園に連絡するものとする。

３：保護者は、バスのスムーズな運行について協力するものとする。

【運転者の留意事項】

第10条：運転手（登録運転手含む）はバスの走行に関して全ての責任を負うものとする。

２：運転手は常に健康保持に努め、車両の運転に支障が出ないように努めなければならない。睡眠不足、その他健康を害している場合は、運行管理責任者にその旨を届け、指示を受けるものとする。運転前にアルコール検査を行い運行日誌に記録するものとする。

３：運転手は、バスの運転にあたり、道路関係法令及び関係法令を遵守するほか、次のことに留意しなければならない。
9：終業時には車体の清掃に努めると共に、故障の有無を調べ対応する。また車両を所定の駐車場に収納し、雨、雪及び盗難防止のために必要な措置を講じ、併せて園児の置き去りがないか必ず点検すること。

【添乗者】

第11条：バスの運行にあたっては、園児の乗降補佐及び車内における園児の安全を図るため職員が添乗を行なう。
2：添乗者は安全運行できるよう運転手に協力すると共に、園児の安全・保護に努めなければならない。
3：子どもの乗車時及び降車時に座席や人数の確認を実施し、終了時には園児の置き去りがないか必ず点検すること。

〈気象警報発令時の対応〉

第12条：本園は、次の条件の下では、バスの運行を中止するものとする。
（1）秩父地方に5㎝以上の降雪が見られたとき。
（2）秩父地方に気象警報（大雨、洪水、暴風、暴風雨、暴風雪、大雪）が発令されたとき。
2：運行管理責任者は、バスの運行を中止したときは、メールまたは電話等により、保護者に連絡するものとする。

園児の安全管理については、複数の目でチェックしていきます。保護者の皆様にもご支援・ご協力いただきますようお願いいたします。

●読み聞かせ（2022年11月）

子どもたちは絵本を読んでもらうのが大好きです。ほうしょう幼稚園でも、それぞれのお部屋で発達段階に応じた読み聞かせを毎日行っています。ご家庭でも絵本を前に子どもとの会話が弾んでいることでしょう。絵本は大人が読んでも楽しいものです。

学研が出している「ママのための読み聞かせ情報」には、Q＆A形式でママの素朴な疑問に専門的な回答が載せられていましたので紹介いたします。

Q 絵本は上手に読まないといけないの？　うまく読んであげる自信がありません。

A ご家庭での読み聞かせにルールはありません。親しい人が1対1でていねいに読んであげれば、喜んで聞いてくれる場合がほとんどです。上手、下手は気にせずに、どんどん読み聞かせをしてあげましょう。ただし「読み手も楽しむ」事が重要です。一緒に楽しみながらの読み聞かせが大切です。

Q 赤ちゃんへの読み聞かせは、いつ頃からできますか？

A いつからでもできます。ただ、発達の特徴から言うと、人との関わりが芽生え、絵本に焦点を合わせて見ることができるようになる4カ月頃がよいタイミングだといえます。ですがこれはあくまでも一つの目安です。普段の語りかけのような感覚で見せてあげれば0カ月からでも大丈夫です。無理のない形で絵本に親しむ機会をたくさん作ってあげたいですね。

Q 文字が読めるようになりました。読み聞かせは卒業でしょうか?

A 自分で読めるようになっても読み聞かせは続けてあげましょう。音読ができていると「一人で読めている」と思いがちですが、必ずしも「内容がきちんと理解できている」とは限りません。話の意味がわかり、絵の世界と合わせて絵本を楽しめるようになるのはまだ先のことです。いくつになっても、読み聞かせをしてもらうのは楽しいことなので、1年生以降の読み聞かせの習慣もおすすめです。

幼稚園の先生方の読み聞かせを参観していると、子どもに時々問いかけて子どもの発言を求める場面を目にします。子どもを集中させるということもありますが、それ以上に子どもとの対話に重点が置かれているのは明らかです。

お母さんの読み聞かせも、子どもとのふれあいの良いひとときです。

●赤ちゃんの力（２０２２年11月）

【生後８カ月でも「悪者に罰」実行】

これは、今年6月27日付産経新聞に掲載された記事の見出しです。面白い記事だなと思い切り取っておきました。

生後8カ月の乳児が、いじめを行う悪者を罰するような行動をとることを、大阪大の研究チームが突き止めたというのです。

これまでの研究で、生後12カ月までの乳児が他者の行動のよしあしを判断することはわかっていたそうですが、それも私にとっては初めての知見で、乳幼児の発達について改めて勉強しなければと思わされました。この研究の概要は次のようなことでした。

研究は、意思をもって視線を動かすことができる生後８カ月の乳児１２０人を対象に実施。２つのキャラクターが登場し、一方のキャラクターがもう一方を攻撃する動画を見せた。乳児には事前に、自身が視線を向けたキャラクターには石が落ちて「罰」を与えられることを学習させた。すると乳児は、動画を見た後、攻撃したキャラクターに視線を多く向けるようになった。さらに別

の複数の実験で乳児の意図を検証し、単に攻撃者に注目しただけでなく、罰する目的があるとみられることもわかった。

要するに、悪い者を罰するという行為は学習によって獲得するものではなく、ヒトに備わっている性質ではないかという大変驚くべき結果です。

別の書物で教えていただいたところでは、赤ちゃんが自分の身のまわりの何を認識していて、どんなことを自力でできるかを見極めることの研究は、近年著しく進展しているということです。

こんな研究も行われました。

平面を格子模様で覆い、1メートル先に断崖をつくり、それを強化ガラスでカバーし、そこを移動しても断崖に落ちることはない装置をつくる。そして、平面の端に赤ちゃんを座らせ、2メートルほど先からお母さんに「おいで、おいで」をしてもらった。

当然赤ちゃんは、お母さんの方にハイハイを始めます。安全な装置とはいえ、断崖絶壁を前に、母親に呼ばれた赤ちゃんのこの後の行動はどうなるのでしょうか。

この続きは、来月号でご紹介いたします。

●続・赤ちゃんの力（2022年12月）

人間の本質を追究する研究は、多くの研究者によって行われてきましたが、近年は赤ちゃんの行動をもとに、ヒトの子が先天的に備えている能力を発見しようとする研究がめざましく進展しているということです。先号でご紹介したのはそうした研究の端緒として1960年に行われた実験です。

平面を格子模様で覆い、1メートル先に断崖をつくり、それを強化ガラスでカバーし、そこを移動しても断崖に落ちることはない装置をつくる。そして、平面の端に赤ちゃんを座らせ、2メートルほど先からお母さんに「おいで、おいで」をしてもらった。

当然赤ちゃんは、お母さんの方にハイハイを始めます。安全な装置とはいえ、断崖絶壁を前に、母親に呼ばれた赤ちゃん。断崖の手前まではハイハイしてお母さんの方に移動していきましたが、なんと断崖を見たとたん移動をやめ、いくらお母さんが「おいで、おいで」をしてもそこから動こうとしなかったということです。

これもまた、学んで行動したと考えるわけにいきません。ヒトの子は先天的に危険を回避し、どう行動したら良いかを判断し、適切に行動できる能力を備えているのではないかと思われます。

そのほかにも言葉として人間の口から発せられた音と、モノとモノがぶつかって生じた音とを識別したり、顔の表情からその人の心の状態を推し量ったりする能力も備えているといわれます。

赤ちゃんの力恐るべしです。

今年1年間、ほうしょう幼稚園にご協力賜りましてありがとうございました。皆様方がつつがなく新年を迎えられますよう、ご祈念申し上げます。

●友達とすぐに遊べない子（2022年12月）

NHKで数多くの教育番組を担当された藤井チズ子さんがお書きになった『すてきなおかあさん学』という本に視聴者からの相談内容が載せられていました。

◇4歳児だが、新興住宅地で近所に同年齢の子どもがいないし、すぐ下に赤ちゃんが生まれたので、その子に手がかかり、3歳頃まで、ほとんど家の中で遊ばせていた。最近、近くの公園へ連れていくが、よその子どもと遊べない。来年幼稚園へ上がる前に友達と遊べるようにしたいので、どこか子どもを治してくれる施設はないでしょうか。

今では、「ママ友」も多く、様々な情報が共有されていますから、このような極端な事例は少ないと思います。けれども、保護者と離れられない子、友達とすぐに遊べない子は毎年見受けられます。先生方が、仲立ちをして上手に友達の輪の中に交流させてくださっています。ゲームをしたり、YouTubeを見たりして部屋の中で過ごしている子どもも多いのではないでしょうか。この事例の親子にとっては、もっと小さい頃から、保護者と一緒に同年齢の親子と触れ合う機会が必要だったのではないでしょうか。

本園では、生後10カ月のお子様からお預かりしています。最初不安そうにしていた子どもも、入園して数日後には先生方を親代わりのように慕い、友達とも仲良く遊んでいます。本園が生後10カ月からお預かりするのは、それ以前は親とのふれあいが欠かせないと考えるからです。ふれあいによる親子のぬくもりと、親に守られている安心感を十分に感じ取らせた上で、この頃から他への関わりを徐々にもたせていくのが良いと思います。

子どもを立派に育てなければという思いは誰しも同じですが、時々、今の子育てを振り返り、我が子の将来を思い描きながら、親自身も楽しみながら子育てをすることが良い結果につながるようです。

師走という言葉に何か追い立てられるような思いにさせられながら、年度としてはまだ3カ月残されている、最後のまとめに邁進するのはこれからだと気を引き締めています。

様々な社会の動きに翻弄されながらも、保護者の皆様のご支援をいただき歩みを進めることができました。行く年に感謝して来たるべき年を迎えたいと思います。

●パパ見知り（2023年6月）

「パパ見知り」という言葉を新聞で見つけました。埼玉新聞で2021年11月14日のことです。

生後数カ月の乳児が母親との違いや微妙な変化を感じ取るなどし、一時的に父親をいやがる現象を「パパ見知り」と呼ぶことがあるそうです。こうしたこともあると理解して接すれば良いのですが、戸惑う父親が対応を誤り、事件となってしまったこともあります。

2018年、茨城県ひたちなか市で生後10カ月の女児に暴行が行われ父親が逮捕されました。「顔を見ただけで泣かれ、ショックだった。懐かれたくて焦ったが、誰にも相談できなかった」と埼玉新聞に記載されていました。同紙は、19年に約4カ月の長男に暴行した事件、18年に約3カ月の長女を暴行した父親による事件を取り上げ、いずれも「懐いてくれないストレス」を原因の一つに挙げています。

さらに同紙は「認知能力が高まってきた乳児は、母親と父親の違いや抱き方の微妙な変化を感じ取れるようになる」との昭和女子大の石井正子教授の指摘を紹介し、乳児のこうした現象を「成長の証」ととらえています。父親を一時的にいやがるこの現象は生後6～8カ月に多く見られますが、拒否されたと感じ、ショックを受けてしまうことが虐待につながることもあるとのことです。

常に接している母親に比べ、子どもからの認知度が低くなるのはやむを得ませんが、「嫌われている」から「この子の成長を喜ぼう」と、考え方を転換させることが大切です。「ママ友」があるように「パパ友」をつくり、同じ悩みを共有すると精神的に楽になるのではないかと思います。

幼稚園の面談でも出席されるのはお母さんが多いのですが、時にはお父さんにご出席いただく機会も必要かなとも思います。新型コロナウイルスの感染が落ち着いたとはいえ、大勢の集まりはできにくい状況ですが、行事には是非お父さんのご参加もお願いいたします。

●言葉の先生（2023年7月）

生まれた子どもを抱っこして、お母さんが話しかけています。おそらく子どもは母親の言葉の意味を理解していないでしょう。それでもこの話しかける行為は大切な意味をもっています。お母さん先生としての役割です。言葉の習得は、一にも二にもお母さん先生の繰り返しの回数によるからです。

この時代の言葉は身近に見たり、触ったりすることのできる、具体的な事象に基づく言葉が多いようです。やがてこの期を卒業すると、目に見えないものを表す言葉、いわゆる抽象語の理解に入ります。昔話やおとぎ話がよい教科書となります。「むかしむかし、あるところに」という異次元の世界への導入は、架空の世界を自分の中に構築しなければ理解できません。この移行がうまくできるかどうかが、想像力や創造力の育成に深く関わってきます。これまたお母さん先生によるところが大きいのです。

「具体と抽象」について英文学者の外山滋比古先生の講演を伺った折、次のような事例があげられました。

小学校1年生のクラスが算数の勉強をしている。

「たろうくんがえんぴつを2ほん、じろうくんがえんぴつを3ぼんもっています。ふたりのえんぴつをあわせるとなんぼんになりますか」

A君が手をあげた。先生がどうしたと聞く。

「なぜ、たろうくんにはみょうじがないいんですか。せんせい」

妙なことをきくものだと先生が苦笑していると、B君が手をあげる。

「ぼく、みつびしえんぴつだけど、たろうくん、じろうくん、なにえんぴつですか?」

「いろえんぴつですか?」

「けずってあるんですか? ないんですか?」

これでは本題である2+3になかなかたどりつきません。具体から抽象への移行がうまくできないと、学校生活への適応が難しくなります。その基盤となるのがお母さん先生による言葉の教育です。愛情に満ちた言葉かけは、子どもの情緒の安定性にもつながります。

園児を送迎する際、赤ちゃんを連れていらっしゃるお母さんにお会いすると、「おはよう」とか「いないいないばあ」と、私も努めて話しかけるようにしています。内容は理解していないと思いますが、子どもの自然的な反応なのでしょうか、にこっと笑顔を返してくれるお子さんもいて心が癒やされます。一石何鳥もの効果をもたらす言葉かけなのです。

YouTubeとテレビを見せておく子育ての話も耳にしますが、お母さんの肉声による話しかけ、読み聞かせに勝るものはありません。

●変身（2023年9月）

『はらぺこあおむし』は、幼稚園でも人気の高い絵本です。

葉っぱの上にあったちっちゃなたまごから、暖かい日曜日の朝、ちっぽけなあおむしが生まれました。おなかがぺっこぺこのあおむしは、りんごやいちごなどたくさんのたべものをたべました。まもなくさなぎになって、最後はきれいなちょうに変身するという内容です。

「芋虫がさなぎとなり、蝶に変身するという現象は、古くから人々の驚きの的だったようである。」とは澤口たまみ著『虫のつぶやき聞こえたよ』に見られる記述です。

同書では日本書紀の次のような事件を紹介しています。


皇極三年、東国は不尽《ふじ》の河のほとりに住む大生部多《おおうべのおお》なる人物が、タチバナの木につく黒いまだらのある緑色の芋虫を「常世の神」と称して、「常世《とこよ》の神を祭らば、貧しき人は富を致し、老いたる人は還《かえ》りて少《わか》ゆ」と、祭ることとを民衆に勧めた。そして当時の人々はこれを、熱狂的に受け入れた。その結果、大生部多は人心を惑わすとして、弾圧されてしまったという。

常世とは「不老不死のユートピア」を表しますが、芋虫からさなぎ、そして蝶になるという不思議な現象が、人びとに神霊としてのイメージを想起させたのではないでしょうか。
『虫のつぶやき聞こえたよ』は次のようにまとめます。

どんな芋虫だって、将来チョウに変身するための「翅《はね》の芽」を、必ず体内に秘めている。わたしたちにも、翅の芽はきっとある。芋虫のごとく、ひたすら養分を吸収することに努力していれば、いつかその養分が胎内で熟成され、美しいチョウとなって飛び立つときが、やってくるのではなかろうか。

これは『はらぺこあおむし』を読み聞かせする、誰もが願うことではないでしょうか。

●七五三（2023年10月）

11月15日が七五三の参拝日とされますが、最近は前撮りをするご家庭も多く、この時期になると、お参りをしてきましたと晴れ着姿を見せに来てくださる方もいらっしゃいます。人生の節目にふさわしく、凛々しくあでやかな姿に成長の喜びを感じます。

七五三は、子どもの厄除けとこれからの幸せを祈念して氏神様に参詣する行事です。この年齢で宮参りをすることについて『小笠原流礼法の子育て』では次のように説明されています。

なぜ宮参りをするのでしょうか。古くは七歳までは社会の一員として認められなかったため、罪にも問われず、喪にも服す義務はありませんでした。七つになって正式に氏子入りをすると、生存権が社会的に認められることになります。（中略）百日目にはお食い初めをさせ、一年目の誕生日には餅踏みなどをさせて子どもに力を付けます。そしてさらに三歳・五歳・七歳……と、子どもを育てるのは容易なことではありませんでした。ようやくそこまで成長すると、お礼とさらなる加護を求めて氏神に参拝したのです。

同書の教えるところによれば、以前は数え年で行っていましたが、現在では満の年齢で行うということです。また3歳児も以前は男女ともに祝ったのですが、現在では女児のみということが多いようです。

子どもはその意義を理解しているかどうかはわかりませんが、多くの人が喜んでくれていることは理解できると思います。喜びの声をたくさんかけていただくことで、自分自身が大切にされているということを実感できると思います。

本園でも様々な行事を行っています。イベントを仕掛ける際、先生方は必ずその意義を子どもに問い、説明しています。七夕やクリスマス、豆まきなども大事な年中行事ですが、説明するのは難しい行事です。

子どもたちに「畏敬の念」や「敬愛」など抽象的な概念を伝えることは大変なことですが、具体的な事象と結びつけたり、絵に描いたりしながら理解しやすくする配慮をしています。七五三を通し自尊感情を身につけることは、将来生きていく上で大きな力となることでしょう。

●子どもの叱り方（2023年11月）

叱っているのに伝わっていない、叱るとすぐに泣いてしまうなど、子どもの叱り方に悩む保護者は多いようです。NHKは2021年1月23日の「すくすく子育て」で「これでいい？ 私の叱り方」を特集しました。

この中で叱るということについて、「叱るとは自分やまわりを守るために必要な行動の規範を教えること」との定義が示されました。その上で子どもに伝わりやすい叱り方として次のような段階を追った方法が示されました。

10カ月以降 は、表情や身振りに意味があることがわかってくるので、表情や雰囲気で「いけない」と伝える。

1歳児 は、叱るより危険な行為を止めることが大事。特に誰かを傷つける行為、ものを壊す行為についてはしっかり止める。

1歳後半以降 は、イメージする力が育ち、物事のつながりがわかってくる時期。例えばコップが倒れて水がこぼれたなどがわかってくる。そこで叱り方としては、そのとき、その場で、その都度短いことばで、何がいけないか、どうしてほしいかを伝えることが大切。

2歳後半以降は、ルールや気持ちを表すことばがわかってくる時期。生活や遊びの中にルールがあることを知り、自分の中に取り入れていく時期。また、自分の気持ちに気づくのもこの頃から。叱るときは、子どもの気持ちを聞きつつという姿勢で。

4歳から6歳は相手の立場に立って考える力、行動を振り返る力が育ってくる。叱られる理由を具体的に説明するとともに、子どもと一緒に考える姿勢が大切。

乳幼児への伝え方は、ことば＋表情＋雰囲気のセットで伝えるのが基本。

さらに「困った行動」についての対応として、「困った行動」は親の気を引くための行動なので、叱るのではなく、他の行動をさせるのが良いとされています。

例えば、「さっきクッション投げたのは、さみしかったからだよね。でもママも困るから今度これ手伝ってね」というように、何かお手伝いさせるのが良いようです。また、「だめ！」と言われると行動を止めることはできるが、その後どうしていいかわからないので、手本や言葉で「してほしい行動」を示すことが効果的といわれます。例えば「走っちゃだめ」→「歩こうね」、「散らかさない」→「ここにしまおうね」など。このとき親も一緒に行動しながら言うと、さらに効果的だと思います。

叱ることは難しいのですが、大人が毅然とした態度で行動の規範を伝えることが大事です。

学校だより（横瀬中学校編）

◆苦しさに負けず（2011年7月）

勉強していて、遅々としてはかどらずイライラしたという経験をもっている人は多いのではないかと思います。これは勉強に限らず、人間関係、部活動の練習でも同じです。中学生の時期は、多くの生徒にとって、そのようなイライラとの戦いの毎日でしょう。不安と焦りにさいなまれ、自分自身を見失ってしまうことが多い時期でもあります。

これは「壁」といわれるものですが、この壁を乗り越えるためには、わかるところまで前に戻って復習したり、今までの学習を丁寧に確認したりすることが大切です。部活動でも同様で、基礎的な力を見直したり、高い技術をもっている人からアドバイスをいただいたりすることで、ようやく新たな地平に立つことができます。

人間関係においては、もつれた糸をほぐすのは容易なことではありません。友達や先生に相談することが何より解決への早道となります。いずれにしても、迷ったり、悩んだりしたときに、自分自身を見失わないためには、何らかのよりどころを求めなければなりません。

今年度から本校は校訓を定めました。「健康・勤勉・克己」の校訓3点は、生きていく上で欠くことのできないものです。「よ・こ・ぜ」を冠とした「よく学び　心を正し　全力尽くす」という学校教育目標は、生徒の生活の中で基盤となってきました。「校訓・学校教育目標」は皆さんの心のよりどころです。自分自身を見失いそうになったとき、良きアドバイスを参考にするとともに「校訓、学校教育目標」を繰り返し唱えてください。きっと心を平静に保つことができるはずです。

苦しさに負けず夏に鍛え、8月29日には一段とたくましくなった皆さんにお会いできることを楽しみにしています。

◆体育祭秘話（２０１１年11月）

今年度の横瀬中学校体育祭は、天候にも恵まれ順調に進んでいきました。競技は白熱し、各団とも得点が気になり始めました。

団としての結束を示そうと、練習にも力を入れて取り組んできた「むかでリレー」がスタートしました。予行のときには完璧を誇り、トップを予想されたある学年の第1走グループが、なぜか鈍い動き。普段は落ち着いているはずなのに、焦りのためか足首の結びが思うようにならない状態です。再三結び直しますが、その都度ほどけてしまいます。「落ち着いて」の声援も空しく、他のグループとの差は決定的なものとなってしまいました。

やっとの思いで第2走グループにバトンを渡しましたが、涙の幕切れとなりました。私は、1着を期待されていたこのクラスで、このメンバーがつらい思いをしないようにと願うばかりでした。

それから20日ばかり過ぎたある日。ＰＴＡ広報部員の皆さんが、広報１３７号の編集作業をされていました。体育祭の写真をどのように組み込もうかと、たくさんの写真を前にあれこれ思案顔です。そのとき一人のお母さんが、

「むかでリレーで大きな差がついてしまったとき、子どもがそのメンバーだったのでとても心

配でした」

と話されました。

体育祭の夜、家でその心配を伝えると、第2走のグループが第1走の遅れを責めることなく、「後は任せろ」と言ってくれたようです。子どもはクラスメートのその言葉が嬉しくて涙が止まらなかったとのこと。それを聞いたお母さんも涙が浮かんできたと、しみじみ話してくれました。

私の心配をよそに、学級でもそのメンバーを非難するようなことはなく、みんなが励まし、慰めてくれたということでした。

横瀬中学校生徒のすばらしさを改めて感じた、心洗われる「体育祭秘話」となりました。

◆校歌（2011年12月）

音楽のもつ力は、今さら言うまでもありません。

昔からおめでたいこと、楽しいこと、悲しいことなどの場には必ず音楽があり、人びとは自分の感情を声にのせ他の人に伝えていきました。中でも校歌には誰もが特別の思いをもっています。学校を愛する心の強い生徒が多い学校ほど、校歌をしっかり歌います。様々な場面で精一杯の声を張り上げ、校歌を歌って喜怒哀楽を表現しています。

本校の校歌は、昭和29年に制定されたもの。武甲山と横瀬川を題材に、学問によって文化の花を咲かせること、心と体を鍛えることを、古い言葉と新しい言葉を調和させ、伸びやかなメロディにのせ表現しています。折あるごとに精一杯歌って、本校の良い校風を守っていこうではありませんか。

横瀬町町民会館を会場として10月に行われた「秩父地区安全大会」のアトラクションで、本校の吹奏楽部が演奏いたしました。2年生と1年生の10名による演奏でした。少人数での精一杯の演奏にアンコールをいただきましたが、演奏ではなく校歌の混声四部合唱を披露いたしました。その校歌を聴いていただいた町民の方から、次のようなお手紙をいただきました。

本日町民会館にて心に響く演奏を聴かせていただき、ありがとうございました。とても良かったです。アンコールで歌ってくださった校歌を聴いて、懐かしくじーんとして涙がこぼれましたよ。皆さんのおかげで母校に誇りがもてた気持ちで、背筋を伸ばして帰宅しました。いっぱい、いっぱい練習したのでしょう。感動です。

このお手紙をくださったのは、横瀬中学校を卒業して37年たった方だとお書きになっていました。校歌のもつ力を感じるとともに、このように評価してくださった地域の方に心から感謝の念を抱いたことでした。

◆一番星（2012年1月）

平成24年、壬辰《みずのえたつ》の年が明けました。保護者や地域の皆様にとりまして、輝かしい年となりますようご祈念いたします。

生徒も元気に新年を迎え、決意を新たにしています。今年も横瀬中学校に対しまして温かいご指導、ご支援のほどよろしくお願いいたします。

さて、今年度から始まった、生徒指導部の取り組みに「一番星」というものがあります。提案理由は次のようになっています。足が速くて……字が上手で……そんな才能や特技もすばらしいけれど、それがすべてではありません。教室の中にいる一人一人に目を向けると、それぞれの素敵な一面が見えてきます。その中でも、クラスのため友達のために、目立たぬところで支えてくれた仲間を探してほしい。たった1年でも縁があって同じ教室で学ぶ仲間の、目立たなくてもクラスのために力を貸してくれ、支えてくれた仲間を認め合ってほしい。そんな思いでこの賞を考えました。

その後、名称を生徒から公募した結果、3年生のKさんが考えた「一番星」を愛称とすることになりました。夕空にきらりと輝くこの星の存在は、人びとにほっとした温かさを与えてくれます。これまで毎月9人の生徒が表彰されています。

- クラスの仕事をしているときに「手伝うよ」と声をかけてくれたり、移動教室へ行くとき、「一緒に行こう」とやさしく声をかけてくれた。
- 授業でうるさいときなどに声がけしてくれる。
- バラバラになっていた雑巾をきれいに整頓してくれた。
- 牛乳パックの整頓を頑張ってやってくれた。
- みんなが帰った後に、一人一人の机を整頓していた。
- こっそりゴミを拾ったり、さりげなく掃除用具を片付けていた。

などが表彰理由となっていますが、おそらく本人は無意識にやっていることだと思います。これらはもちろんすばらしいことですが、同時に友達のその良さに気づく周囲の生徒の心も立派だと私は思います。この他にも、困っている友達を電話で励ましたり、濡れてしまった友達の下足を心配して、近所の親戚から代わりの靴を借りてきてあげたりといったすばらしい行いが校舎のあちこちで見られます。

青少年の非行問題が大きく取り上げられる昨今ですが、本校には当たり前のことを当たり前に行える生徒、そしてその行為を認め、賛同しようとする生徒が多いことに私は密かな誇りをもっています。

◆鶴文字（2012年3月）

「折ってたたんで裏がえし、まだおぼえてた折鶴を」――は安井かずみ作詞、浜圭介作曲「折鶴」のフレーズです。後に、法務省篤志面接委員や保護司として活躍される千葉紘子さんが歌ったのは1972年のこと。既に40年も前のことになります。なぜか心に残っていたこの歌詞のように、かすかな記憶をたどりながら折鶴に挑戦してみました。本校生徒会で取り組む「鶴文字」に加えてもらおうと思ったのがきっかけです。

生徒会では3年生の受験の合格祈願、卒業式の成功を祈って、1、2年生で「鶴文字」を作り、3年生にプレゼントするという計画を立てました。「鶴文字」とは鶴を折り、その鶴を並べて文字を作るというものです。1組は赤と白、2組は青と白、3組は黄と白のそれぞれの折り紙で鶴を折っていきます。指導に当たる先生の設計図では各組900羽の鶴を要します。白い鶴を背景に、赤、青、黄色の鶴が「祈・絆・祝」の文字を浮かび上がらせるという趣向です。生徒会がこの3文字に込めた思いは、「生徒会だより」で次のように説明されています。

「祈」……3年生の合格を祈って
「絆」……横中生の絆を深めて

「祝」……卒業を祝う

1、2年生からの心のこもったプレゼントは、2月20日の生徒朝会で、生徒会長の説明の後、生徒会役員から3年生各組の学級委員に手渡され、万雷の拍手となりました。生徒の心のつながりをありがたく思うとともに、私はこの鶴に万葉集の一首が重なりました。

旅人の宿りせむ野に霜降らば我が子羽ぐくめ天の鶴群《たづむら》

遣唐使の我が子を見送る母が詠んだというこの歌。「霜が降りたら、空をゆく鶴の群れよ、私の息子をその翼で守っておくれ」という内容で、子を思う親の心が切々と伝わってきます。心を込めて折ったこの鶴群は、本校生徒の心の中で大きな翼を広げ、精神的な支えになってくれるものと信じています。

40年前の歌詞を思い起こし、卒業生の前途を祈っての充実したひとときでした。

◆桜の花びら（2012年4月）

例年になく寒い日が続きましたが、季節を違うことなく本校の桜が花を開きました。満開の桜は生徒だけでなく、多くの人の心を慰めてくれました。平成24年度のスタートに当たり、保護者、地域の皆様、関係諸機関の皆様には、昨年同様本校へのご指導・ご支援を切にお願いいたします。今年度も校訓「健康・勤勉・克己」、学校教育目標「よく学び・心を正し・全力尽くす」を柱に、「命を大切に、安心して学べ、保護者・地域から信頼される学校」を目指して参ります。

新年度への思いを巡らしながら窓の外をふと見ると、桜の花びらが風に舞って飛んでいきました。春風と戯れるように空中を上下するピンクの花びらに、詩人大岡信さんの随筆『ことばの力』を思い起こし改めて読み返しました。

京都の嵯峨野に住む染織家志村ふくみさんが何とも美しい桜色に染まった糸で織った着物を見せてくれた。そのピンクは、淡いようでいて、しかも燃えるような強さを内に秘め、華やかでしかも深く落ち着いている色だった。

「この色は何から取り出したんですか」と問う大岡さんに、志村さんは「桜からです」と答えました。大岡さんは当然、桜の花びらを煮詰めて取り出したものと考えたのですが、実際は桜の木の皮から取り出した色だったのです。大岡さんは次のように続けます。

花びらのピンクは、幹のピンクであり、樹皮のピンクであり、樹液のピンクであった。桜は全身で春のピンクに色づいていて、花びらはいわばそれらのピンクが、ほんの尖端だけ姿を出したものにすぎなかった。

全身で全力を尽くす桜の姿に、人としての生き方を教えられた思いで本を閉じました。表面に表れていない、見えない部分に蓄えられた力の大切さは、家庭学習や、走ったり、投げたりといった基礎的な体力、そして思いやりや感謝の心に通じています。こうしたところに手を抜かず全力で取り組むことが、人間としての品格となって実を結んでいくのだと思います。

◆家庭教育宣言（2012年7月）

「あ〜あ、ほっとするよ。家がいちばんだね」

外出することの少なかった母でしたが、たまに旅行などして家に帰ってくると決まってこう言っていました。よその家庭の有り様は知るべくもありませんでしたが、私は子ども心に「そんなに家がいいのかな。外の方が楽しいんじゃないかな」と疑問に思うこともありました。家庭のありがたさが身にしみてわかるようになったのは、下宿生活を始めた頃。ひとりで夕食を食べる侘しさが、そんな気持ちにさせたのかも知れません。

生活様式の変化に伴い、今「家庭」そのものが様変わりしています。掃除を手伝わせたり、果物の皮をむいたりする機会も減っていますし、七夕やお月見などの年中行事も行われなくなりつつあります。地域のつながりが希薄になっているとも言われます。

そのような中、本校ＰＴＡが「このような人になろう」と「横中ＰＴＡ家庭教育宣言」を発したのは平成23年1月のことでした。横瀬中学校の家庭教育の健全性を証するものとして、私は掲げられた5項目を敬意の念をもって復唱しています。

1　あいさつと「ハイ」の返事ができる人に

2 してはならないことはしない人に
（うそをつかない。人の物をとらない。人を傷つけない。人をいじめない。）
3 学校や社会の決まりを守る人に
4 丁寧な言葉遣いができる人に
5 礼儀正しい人に

社会がどのように変わろうと、宣言に掲げられた5項目は人としての生き方の基本となるものです。宣言に基づく家庭教育を進める限り、非行の芽は伸びようがありません。おそらく、固い絆で結ばれた温かい家庭になるものと思います。

「横中ＰＴＡ家庭教育宣言」を実践しているためか、本校の家庭教育は大変充実しています。中学校教育への深いご理解をいただき、生徒を中心とした協力関係がうまく機能していると思います。

生徒の健全育成のために、家庭の安定は欠かせません。今後とも生徒にとって家庭が「ほっとする」憩いの場、安らぎの場であってほしいと願っています。

◆１００％（２０１２年10月）

９月４日は本校にとってすばらしい日となりました。生徒会を中心に実施している「クリーンＵＰ活動」で、全学級１００％を達成したのです。

「クリーンＵＰ活動」とは、毎月１回実施日を決めて、朝、生徒一人一人がゴミ拾いをしながら登校し、生徒会本部でそのゴミを回収するものです。学級ごとに参加率を集計し、参加率１００％を達成した学級には「１００％達成賞」の表彰をしています。昨年度は全体の平均で80％ほどの参加率でした。

今年度は生徒会本部が重点的に取り組んでいるためか、４月95％、５月96％、６月97％、７月97％と着実な伸びを示しました。しかし、一人でも忘れる人がいると１００％達成とはならず、困難を極めました。そこで生徒会本部役員は前日の朝会で、生徒全員の参加を訴えました。生徒会本部で出した「全校生徒の皆さんへ」と題する次のような呼びかけは、私も心を打たれる内容でした。

私たちの代で行うクリーンＵＰは今月で最後となります。そのため最後のクリーンＵＰは「全校１００％達成したい」という強い思いがあります。クリーンＵＰを行う意味は「横瀬町をきれい

にするため」ですね。しかし、それだけではない気もします。１００％達成という一つの目標に向け、クラスで、学年で、全校で取り組むというのはすばらしいことです。小さな目標を達成していき、大きな目標へとつなげていく、これはクリーンＵＰに限ったことではないと思います。大きな目標をみんなで達成させてこそ、はじめて一体感が生まれ、よりよい横中づくりの良いステップになると思います。ここでの大きな目標というのは、もちろん全校１００％達成することです。

翌日の集計はおそらく誰もが気にかけていたことと思います。午後4時55分頃、異例の生徒会長による全校一斉放送が流れました。

「皆さんのおかげで、全校１００％を達成することができました。ありがとうございました」

期せずして、職員室の先生方や部活中の生徒から拍手が起きたのは印象的でした。私も活動中の生徒会本部役員のもとを訪れ、一人一人と握手を交わし労をねぎらいました。生徒会の呼びかけに応えてくれた生徒も立派だと思います。こんな力がまだまだ本校生徒にはあるのです。明日の横瀬を担う確かな若い力を感じた2日間の出来事でした。

◆国語辞典を読む（2013年7月）

午後11時15分からと遅い時間の放映でしたので、ご覧になった方は少ないと思います。4月29日、BSプレミアムの「ケンボー先生と山田先生」というドキュメンタリー番組です。「辞書に人生を捧げた二人の男」と副題が付けられています。二人とは『明解国語辞典』の編集に携わった見坊豪紀《けんぼうひでとし》氏とそれを手伝った同級生、山田忠雄氏のことです。

国語辞典に載せられている言葉の意味は、どの辞典も同じようなものではないかと思っていましたが、執筆者の姿勢によってかなりの隔たりがあるようです。客観的に、簡潔に言葉を説明するか、特徴的に記述し、新しい言葉を積極的に取り入れるか、見解の隔たりで、二人はその後、『新明解国語辞典』の編集者と『三省堂国語辞典』の編集者とに袂を分かちます。仲の良い友と決別しながらも、辞書づくりに人生を捧げた二人の生き方に言葉への執念を感じました。

友情を分かつまで言葉にこだわらないまでも、私たちはわからない言葉、気になる言葉があると国語辞典を頼りに言葉の意味を確かめます。インターネットの時代でも、身近なところに置かれた国語辞典への信頼度はコンピュータをしのぐものがあります。国語辞典をぼろぼろになるまで使い込んだエピソードを持つ勉学家を、あちこちで見たり、聞いたりすることもできます。国語辞典をはじめから読んだ人がいると聞いて、びっくりしたこともありました。考えてみると、国語辞典を読むということは案外面白いことかも知れません。こんな言葉があったのかと気づいたり、こういう意味だったのかと新たな知識を得たりすることができます。いつかは「国語辞典」を読むことに私も挑戦したいと思います。

今年度、教育委員会のご配慮で、全校生徒に1冊ずつ国語辞典を貸与していただきました。図書館にも常備されていますので、行って調べることは可能ですが、手の届くところにいつでもあるという状態は生徒にとって理想的です。授業で使用したり、疑問などところをちょっと調べたりと、生徒は大変便利に使わせていただいています。自習時間には国語辞典を読むこともすすめています。

小学校6年生にも貸与されていますので、小学校から中学校へ連続して辞書を活用できることになりました。自由な時間を利用して国語辞典を読むことを習慣とするようになったら、言葉の世界が大きく広がると思います。それは同時に自分の世界を広げることにもなります。生涯学習の基礎を培う、教育委員会からのすばらしいプレゼントを大いに活用させていただきます。

◆埼玉県歌（2014年1月）

平成26年が明け、心新たな気持ちで生活のことと思います。今年も横瀬中学校に対しまして変わらぬご指導、ご支援のほどお願いいたします。

穏やかな年を迎えるにつけ、平穏な里に暮らせる喜びを実感いたします。いつまでも、「緑と風が奏でるこころ和むまち」横瀬であってほしいと願っています。併せて秩父地域の益々の進展を祈念いたします。

県民歌として親しまれる埼玉県歌も、「秩父の雲のむらさきに」と歌い始め、秩父をまず第一にあげ、輝く埼玉をたたえます。埼玉県歌は、県民に親しまれ、愛唱される県の歌として1965（昭和40）年に制定されました。1967（昭和42）年に開催された埼玉国体では盛んに歌われましたが、その後はあまり耳にしなくなりました。2004（平成16）年に開催された埼玉国体で県歌が見直され、埼玉県知事の推奨もあり、県関係の式典では必ず歌われるようになりました。軽快なメロディと力強い歌詞、ふるさとを誇りとするためにも、もっともっと口ずさまれて良いのではないでしょうか。

本校では音楽の授業に取り入れているため、全員の生徒が歌うことができます。あるとき大勢のお客様をお迎えし、図書室で話し合いをしていました。授業開始のチャイムが鳴ってほどなく、生徒が歌う埼玉県歌の力強い歌声が流れてきました。思わず会議を中断し、しばし聞きほれたことでした。

秩父の雲が紫にたなびき、武蔵野の原から緑の風が吹いてくる。山や河が豊かな恵みをもたらしてくれるこの地に、我らは生まれ元気に生活している。1番の歌詞は、郷土に対する誇りをかき立ててくれる情景です。文化がしあわせの未来を開くと歌う2番に続き、3番では、

こぞるちからも　たくましく
希望はもえる　このあした
われら明るく　ここにあり

と、明るい未来を期待させてくれます。

埼玉県歌に示された「躍進埼玉」の礎は「人づくり」にあると思います。郷土を大切にして、文武両道に燃える横中生を目指し、職員一丸となってこの道に邁進したいと思います。

◆蛙の王様（2014年2月）

平成25年度のまとめをしながら新年度への思いを巡らすのは、まことに楽しくまた充実したひとときです。殻を脱ぐように成長する子どもたちを、皆さんとともに見守っていける喜びを今改めて感じています。

自分の人格形成に強い影響を与えた書物を、どなたもお持ちのことと思います。心理学者河合隼雄氏によれば、幼小児期の体験として昔話をあげる人が多いといいます。母親が添い寝の際に語ってくれる昔話の教育的意義は大きいと言われていますが、近年、昔話の持つ教訓的意義に着目し、はっと目を見開かせてくれる優れた書物が多数出版されています。

私は卒業を前にした中学生にグリム童話の一部を語り、その深層性に触れることで新たな出発への餞別とすることがあります。

ある年は「蛙の王様」を題材としました。ご存じのように、お姫様が黄金のマリを落として泣いているところに蛙が現れる物語です。マリを拾ってきてくれれば、蛙をお姫様の遊び友達として迎えるという約束をしますが、お姫様はマリを受け取ったまま立ち去ってしまいます。姫のところまで訪ね約束の実行を迫ると、姫は蛙を壁にたたきつけ、その瞬間、蛙はすばらしい王子様に変身し、二人はめでたく結婚するというお話です。

マリを拾う際の条件を、蛙は一つ一つあげていきますが、お姫様は安易な考えで了承してしまうのです。そんなことにはならないと高を括っていると、これらの条件はその通り実行を迫られることになります。この場面は「契約の成立とその履行」に関するすばらしい教訓となると考えています。物語の上とは言え、軽率に契約を交わすことの重大さを心の底に焼き付けた子どもは、思慮分別ある大人に近づいていくのではないでしょうか。

また結末を知ってこの場面に立ち戻ると、王子の化身である蛙の必死さがよくわかるのです。魔女の魔法を解くためには、姫に投げつけられるという場面をしつらえなければならないわけで、すべてがそのための行動だったことに気づくのです。追い詰められた姫の思い切った行動が、自らの運命を開くというのも学ぶ価値の一つです。何よりも嫌われ続けた蛙が王子様に変身するというハッピーエンドは、劣等感にさいなまれる子どもたちに勇気と希望を与えてくれます。

河合隼雄氏やウェルヘルム・ベッテルダム氏の著作を参考に、今、この子どもたちに必要な教訓は何か、そのためにどの物語がふさわしいか、思いを巡らせながらの年度末です。

◆未来に向かって生きる（2014年12月）

平成24年も、1枚のカレンダーを残すのみとなりました。今年はオリンピックでの日本人選手の活躍や、山中伸弥教授のノーベル生理学・医学賞の受賞など勇気づけられる話題がたくさんありました。

一方教育界では「いじめ問題」が大きな関心事となりました。本校では場合によって記名にしたり、無記名にしたりするアンケート調査を繰り返すことで、いじめがあった場合の早期発見・早期対応を心がけて参りました。今後もいじめの小さな芽を見逃さず、毅然と対応していきます。

この社会問題となった「いじめ問題」に関し、埼玉県PTA連合会では「小学生・中学生の皆さんへ」というアピールを発し「皆さんは絶対に死なないでください。お父さん、お母さん、家族のみんな、そして先生たちも、皆さんが未来に向かって生きてくれることが、一番、嬉しくて、それを支えに頑張っていることをどうか知ってください」と呼びかけました。朝会でも全文を読み上げ、家族や学校、地域が全力で子どもたちを支えていくことをお話しいたしました。「未来に向かって生きる」とは、苦しさに負けず、お互い助け合って明るい未来を作ることだと思います。

生徒全員がアピールの趣旨をしっかり受け止めてほしいと願っていた小春日和の夕刻、一本の電話が入りました。小学校3年生のお子さんがいらっしゃるお母さんからの電話でした。お話を伺うと、お子さんが自転車で走っていたところ、何かにぶつかりチェーンが外れてしまったのだそうです。お子さんは手を真っ黒にして直そうとしましたがうまくいきません。そこを通りかかった中学生が、汚れるのもいとわず上手に直してくれたとのことでした。

「中学生の親切が本当にありがたかった。一言お礼を言いたくて」

と、電話を通して聞こえる若いお母さんの弾んだ声が、私の脳裏にいつまでも残りました。

未来に向かって生きる中学生の姿がそこに見られました。


皆様良い年をお迎えください。

あとがき

田植え、稲刈り、キュウリ・ナス・トマトの植え付けから収穫、椎茸のコマ打ち等々の体験を通し、恵まれた自然環境の中、園児は伸び伸びと生活しています。将来を担う子どもたちの育成に関われる喜びと責任を改めて感じます。

人生１００年時代を迎え、ＩＣＴ化の中を生きる子どもにとって「生きる力」とは何か、教職員と話し合いながら、保育・教育の質の向上を図っています。保護者とのコミュニケーションが取りにくい中、園情報の発信として「園だより」の果たす役割は大変大きいものがあります。園長として、保護者との対話の場とも位置づけています。

子どもの様子を見ながら、時々に応じた話題を提供し、子育ての悩みや喜びを共有して参りました。その際、参考にさせていただいた幾多の先行文献は私の大切な宝物です。学恩に感謝しながら困ったときのよりどころとして、これからも紐解いていきたいと思います。また、先達、保護者の皆様、同僚等多くの方のご支援をいただきました。感謝の気持ちでいっぱいです。一書にまとめてくださった文芸社の皆様にも謝意を表すものです。

子育ては楽しいことですが、親として時には迷い、悩むこともあると思います。そのようなとき、本書の一節がヒントとなり、新たな活力の源となれば幸いです。私自身も子どもたちの明るい未来のため、微力を尽くす所存です。ご指導ご鞭撻を切にお願いいたします。

著者プロフィール

千島 力夫（ちしま りきお）

1953年埼玉県生まれ
埼玉大学卒業
公立中学校長を定年退職後、
平成26年４月から幼稚園長として勤務
産経国際書会審査会員、書心会同人

子育てのヒント ～奮闘中のあなたに～

2024年２月15日　初版第１刷発行

著　者　千島 力夫
発行者　瓜谷 綱延
発行所　株式会社文芸社
〒160-0022　東京都新宿区新宿1－10－1
電話　03-5369-3060（代表）
03-5369-2299（販売）

印刷所　図書印刷株式会社

ISBN978-4-286-24925-4